MARCOS RAMON DA SILVA

FOTOGRAFIA DIGITAL
Um nova "pegada"!

APRENDIZAGEM RELEVANTE PARA INICIANTES

Edição 1

Seja você um entusiasta buscando aprimorar suas fotos ou alguém que deseja transformar a fotografia em uma carreira, este livro oferece o conhecimento necessário para que você possa capturar imagens que realmente contam histórias. Mais do que ensinar técnicas, nosso objetivo é inspirar você a ver o mundo através de uma lente criativa, descobrindo a beleza nos detalhes e a emoção nos momentos.

Buscai o Senhor Deus enquanto é possível achá-lo, invocai-o enquanto está perto! (Isaías 55:6)

Sumário

PREFÁCIO 5
   Palavras ao Leitor: 5
MODULO 01 7
Fotografia - Generalidades 7
   1.1. História da Fotografia 7
   1.2. Importante da fotografia para humanidade 9
   1.4. Câmeras fotográficas analógicas 11
   1.5. O Papel Fotográfico e o Processo de Revelação 14
   1.6. Qual é a relação entre a fotografia e o cinema? 16
   1.7. A fotografia e os gêneros cinematográficos 18
   1.8. A Fotografia Noir 20
   1.9. A Utilização da Cor na Fotografia 30
   1.10. A Cor na História da Fotografia 32
   1.11. A Cor na História da Fotografia de Arte 34
   1.12. A Cor em Diferentes Estilos Fotográficos 35
   1.13. A Influência da Cultura na Percepção das Cores ... 38
   1.14. Fotografia Monocromática 40
   1.15. Por que Fazer Fotos Monocromáticas 43
   1.16. A Fotografia Monocromática na Era Digital 45
   1.17. Como Criar um Portfólio Impactante 49
MODULO 02 53
A Fotografia na Era Digital 53

2.1. A Fotografia na Era Digital: 53

2.2. A Evolução das Câmeras Digitais 54

2.3. A Evolução das Câmeras Digitais 57

2.4. Os Principais Softwares de Edição de Imagem 59

2.5. Dicas para Iniciantes em Edição de Fotos 62

2.6. DSLR vs. Mirrorless 64

2.7. Os Impactos da Fotografia Digital na Sociedade 67

2.8. Tendências da Fotografia Digital para o Futuro 69

2.9. Os Principais Fabricantes de Câmeras Digitais 71

2.10. Câmeras Profissionais vs. Câmeras de Celular 73

2.11. Melhores Câmeras para Iniciantes 76

MODULO 03 79

A Evolução da Fotografia Digital 79

3.1 Introdução 79

3.2 Criação de imagens 79

3.3 Tipos de imagens fotográficas 81

3.4 Criação da imagem digital 84

3.5 Estruturas das imagens 87

3.6 Formatos mais comuns de imagens "raster" 89

3.7 Editores de imagens digitais 94

3.10. Qual é o tamanho de impressão sem perda? 96

3.11. Qualidade da imagem 97

3.14 Cores nas imagens 99

MÓDULO 4 101

A Prática da Impressão Digital **101**

    4.1 Introdução 101

    4.2 Primeiros passos para imprimir uma foto digital 102

    4.3. Calibração do Monitor 105

    4.4. Tratamento da Imagem 107

    4.5. Perfil de Cores 110

    4.6. Resolução e Tamanho da Impressão 112

    4.7. Escolha do Papel 115

    4.8. Configurações de Impressão 118

    4.9. Pré-Visualização da Impressão 120

    4.10. Armazenamento Adequado 123

MÓDULO 5 .... **126**

Profissionalize-se como Artista Digital **126**

    5.1 Transforme uma "Arte Digital" em um NFT 126

    5.2 Transformando sua foto em quadro "Fine Art" 128

    5.3 Características exclusivas do quadros "Fina Art" 129

    5.4 O mercado "Fine Art": 130

    5.5 A comercialização de quadros "Fine Art" 131

    5.6 Impressão de fotos em "Fine Art" 133

    5.7 Processo de impressão "Fine Art" 134

    5.8 A escolha do papel de impressão 137

    5.10. Molduras 142

    5.11. Impressora 144

    5.12. Garanta a Excelência da Impressão "Fine Art" 145

5.13. Estratégias para divulgar o seu portifólio..............147

5.14. Onde Vender "Fine Art" 148

5.15. Processo completo para impressão "Fine Art"......150

Módulo 6 ....**153**

Ferramentas de IA para Fotos Digitais........................**153**

6.1 A fotografia digital vs IA..153

6.2. ChatGPT:...156

6.3. AIPRM: Ferramenta da OpenAI................................157

6.4. DALL-E: Ferramenta de IA da OpenAI 158

6.5. Pinpoint (Google):..159

6.6. Voice In: Extensão para Chrome...........................162

6.7. Google Gemini..163

6.8. Ideogram - Geração de imagens com AI................163

6.9. 123 Apps: Ferramentas de IA para o dia a dia 165

6.10. Leonardo AI - Geração de imagens com IA..........167

6.11. Vectorizer AI - Gere imagens e ícones..................169

6.12. Upscayl: Aumente a qualidade de suas imagens.170

6.13. Midjourney: Imagens Criadas por IA.....................172

CONCLUSÃO **176**

PREFÁCIO

Palavras ao Leitor:

A fotografia digital transformou a maneira como capturamos e compartilhamos o mundo ao nosso redor. Em um momento em que a tecnologia avança a passos largos, é essencial compreender as ferramentas e técnicas que permitem maximizar o potencial de nossas câmeras e de nossa visão criativa. Este livro, "Fotografia Digital", surge como um guia abrangente para todos aqueles que desejam explorar, dominar e se apaixonar pela arte de fotografar no universo digital.

Neste livro, você encontrará uma abordagem detalhada e prática sobre os fundamentos da fotografia digital, desde a escolha e manuseio do equipamento até a composição e edição de imagens. A jornada pela fotografia digital não é apenas sobre entender as especificidades técnicas, mas também sobre desenvolver um olhar crítico e uma sensibilidade estética que transformam uma simples captura em uma obra de arte memorável.

O objetivo deste livro é fornecer não apenas o conhecimento necessário para utilizar sua câmera de forma eficiente, mas também inspirar a sua criatividade. A fotografia é uma linguagem universal que transcende barreiras e conecta pessoas. Ao aprender a dominar esta arte, você se equipará não apenas com as habilidades técnicas, mas com a capacidade de expressar sua própria visão única do mundo.

Espero que cada capítulo deste livro sirva como um convite para explorar novas perspectivas, experimentar com novas técnicas e, acima de tudo, cultivar um amor duradouro pela fotografia. Que este guia acompanhe você em sua jornada,

oferecendo clareza, inspiração e a confiança necessária para capturar momentos inesquecíveis.
Bem-vindo ao fascinante mundo da fotografia digital. Que sua jornada seja iluminada por imagens marcantes e momentos inesquecíveis.

Marcos Ramon da Silva

MODULO 01
Fotografia - Generalidades

1.1. História da Fotografia

A história da fotografia é fascinante e remonta a séculos antes de se tornar uma forma popular de arte e documentação. Tudo começou com a descoberta da câmera escura (ou "câmera obscura") na Antiguidade, um dispositivo que projetava imagens externas invertidas em uma superfície interna por meio de um pequeno orifício. Embora a câmera escura fosse inicialmente usada por artistas para ajudar na pintura, não produzia imagens permanentes.

Avanços iniciais

O verdadeiro início da fotografia como a conhecemos começou no século XIX, com experimentos envolvendo substâncias sensíveis à luz. Um dos primeiros registros de uma imagem permanente foi criado por Nicéphore Niépce em 1826 ou 1827. Ele usou um processo chamado heliografia, que envolvia uma placa de estanho revestida com betume da Judéia, uma substância que endurecia ao ser exposta à luz. A imagem resultante foi a primeira fotografia permanente conhecida, chamada de "Vista da Janela em Le Gras."

O Daguerreótipo

O próximo grande avanço veio em 1839, quando Louis Daguerre, em colaboração com o filho de Niépce, apresentou o daguerreótipo. Este método usava uma placa de cobre revestida com prata que era exposta a vapores de iodo, tornando-a sensível à luz. Após a exposição à luz, a imagem era revelada com vapor de mercúrio e fixada em uma solução de sal. O daguerreótipo tornou-se extremamente popular e é considerado o primeiro processo fotográfico amplamente utilizado.

Evolução e popularização

A partir da década de 1850, surgiram novos processos fotográficos que simplificaram e tornaram mais acessível a prática da fotografia. William Henry Fox Talbot desenvolveu o calótipo, que usava papel tratado com cloreto de prata e ácido gálico, permitindo a criação de negativos de onde se podiam fazer múltiplas cópias. O calótipo foi um precursor importante dos processos fotográficos modernos.

A fotografia no século XX

O século XX viu a massificação da fotografia, especialmente com a invenção do filme fotográfico por George Eastman, fundador da Kodak. Em 1888, ele lançou a câmera Kodak nº 1, que usava rolos de filme e era acessível ao público em geral. Isso marcou o início da fotografia amadora em larga escala.

Durante o século XX, a fotografia continuou a evoluir com a introdução da fotografia colorida, e, mais tarde, a fotografia digital, que revolucionou completamente a forma como capturamos e compartilhamos imagens.

Fotografia digital

A era digital começou em meados da década de 1970, mas só ganhou popularidade nos anos 1990. A primeira câmera digital para consumidores foi a Sony Mavica, lançada em 1981, mas foi a Apple QuickTake 100 em 1994 e a Kodak DC40 em 1995 que ajudaram a popularizar a fotografia digital.

Atualmente, com a proliferação de smartphones equipados com câmeras de alta qualidade, a fotografia tornou-se uma parte cotidiana da vida de bilhões de pessoas ao redor do mundo.

Se tiver interesse em mais detalhes sobre algum período específico da história da fotografia ou algum aspecto técnico, estou à disposição!

1.2. Importante da fotografia para humanidade

A fotografia desempenhou um papel crucial na história da humanidade, impactando diversas áreas do conhecimento, da cultura e da sociedade. Sua importância se manifesta em vários aspectos:

Documentação e Preservação da História

A fotografia permitiu que momentos históricos fossem capturados e preservados com uma precisão sem precedentes. Antes da invenção da fotografia, o registro de eventos dependia de relatos escritos ou de ilustrações, que muitas vezes eram subjetivos e interpretativos. Com a fotografia, foi possível documentar a realidade de maneira mais objetiva, como a Guerra Civil Americana, os primeiros voos de aviões e as expedições científicas.

Educação e Divulgação Científica

A fotografia tornou-se uma ferramenta poderosa na educação e na ciência. Ela permitiu a documentação e o estudo de fenômenos naturais, espécies biológicas, e descobertas arqueológicas com uma precisão visual que antes não era possível. Além disso, ajudou a divulgar essas descobertas para um público mais amplo, tornando o conhecimento mais acessível.

Arte e Expressão Cultural

A fotografia emergiu como uma forma de arte própria, permitindo novas formas de expressão criativa. Fotógrafos como Ansel Adams, Henri Cartier-Bresson e Sebastião Salgado transformaram a fotografia em uma poderosa ferramenta para explorar e expressar emoções, cultura e identidade. A fotografia artística desafiou a percepção do que a arte pode ser, abrindo novas possibilidades para a criatividade.

1.3. Mudança Social e Conscientização

A fotografia teve um impacto significativo na mudança social. Imagens icônicas capturaram injustiças e desigualdades, contribuindo para movimentos sociais e mudanças políticas. Por exemplo, as fotografias dos protestos pelos direitos civis nos Estados Unidos ou as imagens da pobreza durante a Grande Depressão ajudaram a sensibilizar e mobilizar a opinião pública.

Comunicação e Conexão Global

Com a advento da fotografia digital e a internet, as imagens tornaram-se uma forma de comunicação universal. A fotografia permitiu que pessoas ao redor do mundo compartilhassem experiências, culturas e eventos em tempo real, facilitando uma maior compreensão e conexão global. A capacidade de capturar e compartilhar momentos instantaneamente também transformou a forma como as pessoas interagem e se comunicam.

Memória e Identidade Pessoal

No nível pessoal, a fotografia serve como um meio de preservar memórias e construir identidades. Álbuns de fotos, retratos de família e imagens de eventos importantes são formas de capturar e recordar momentos significativos na vida das pessoas. Essas fotografias tornam-se tesouros pessoais que ajudam a contar a história de uma vida e a reforçar laços familiares e comunitários.

Impacto na Mídia e no Jornalismo

A fotografia revolucionou o jornalismo, permitindo que notícias fossem acompanhadas de imagens que ilustravam os eventos com uma clareza e impacto emocional que as palavras, sozinhas, não podiam alcançar. Fotojornalistas desempenharam papéis cruciais ao trazer à tona questões sociais e políticas, muitas vezes em situações de conflito ou crise.

A fotografia, em suma, transformou a maneira como vemos e entendemos o mundo, fornecendo uma lente através da qual podemos explorar e preservar a realidade em todas as suas dimensões.

1.4. Câmeras fotográficas analógicas

As câmeras fotográficas analógicas, com seu charme atemporal e processo único de captura de imagens, marcaram a história da fotografia e ainda hoje fascinam muitos entusiastas. Vamos embarcar em uma jornada pela evolução dessas máquinas que transformaram a forma como vemos e registramos o mundo.

Da Câmera Obscura ao Daguerreótipo

A história da fotografia analógica remonta à câmera obscura, um dispositivo utilizado desde a antiguidade para projetar imagens em uma superfície plana. Foi com base nesse princípio que, no século XIX, surgiram as primeiras câmeras fotográficas capazes de registrar imagens de forma permanente.

- **Daguerreótipo:** Em 1839, Louis Daguerre apresentou ao mundo o daguerreótipo, o primeiro processo fotográfico comercialmente bem-sucedido. As imagens eram capturadas em placas de cobre recobertas com prata, resultando em imagens únicas e detalhadas, mas muito frágeis.

A Era dos Negativos e Positivos

Com o passar do tempo, foram desenvolvidos novos processos fotográficos que permitiam a criação de múltiplas cópias de uma mesma imagem. O surgimento dos negativos e positivos revolucionou a fotografia, tornando-a mais acessível e popular.

- **Chapa de vidro:** As primeiras chapas fotográficas eram feitas de vidro, revestidas com uma emulsão sensível à luz. Eram pesadas e frágeis, mas permitiam a criação de negativos de alta qualidade.
- **Filme de rolo:** A invenção do filme flexível, no final do século XIX, foi um marco fundamental para a fotografia. Os rolos de filme permitiam capturar diversas imagens em sequência, tornando as câmeras mais compactas e portáteis.

A Era de Ouro da Fotografia Analógica

O século XX foi marcado por uma grande evolução das câmeras fotográficas analógicas. Surgiram diversos formatos de filme, lentes mais sofisticadas e câmeras com recursos cada vez mais avançados.

- **Câmeras SLR:** As câmeras SLR (Single Lens Reflex) se tornaram o padrão para fotógrafos profissionais e amadores, oferecendo maior controle sobre a exposição e a composição da imagem.
- **Câmeras de médio formato:** As câmeras de médio formato eram conhecidas por sua alta qualidade de imagem e grande formato de negativo, ideal para trabalhos profissionais.
- **Câmeras compactas:** As câmeras compactas, menores e mais leves, tornaram a fotografia acessível a um público ainda maior.

O Declínio e o Renascimento

Com o surgimento da fotografia digital, a partir da década de 1990, as câmeras analógicas começaram a perder espaço no mercado. A conveniência, a praticidade e a possibilidade de edição digital atraíram muitos fotógrafos para o mundo digital.

No entanto, nos últimos anos, tem havido um crescente interesse pela fotografia analógica, impulsionado por uma nova geração de fotógrafos que valorizam a estética única e o processo criativo das câmeras analógicas.

Por que a Fotografia Analógica Continua Fascinando?

- **Qualidade de imagem:** Muitas pessoas acreditam que as câmeras analógicas produzem imagens com mais nuances e detalhes do que as câmeras digitais.

- **Processo criativo:** A fotografia analógica exige mais planejamento e cuidado, o que torna o processo de criação mais gratificante.
- **Autenticidade:** As fotos analógicas possuem um charme e uma autenticidade únicos, com texturas e imperfeições que as tornam especiais.
- **Valor sentimental:** As câmeras analógicas são vistas por muitos como objetos de desejo e colecionáveis, com um grande valor sentimental.

A história da fotografia analógica é uma jornada fascinante, marcada por inovações tecnológicas e mudanças culturais. Embora as câmeras digitais tenham se tornado dominantes, a fotografia analógica continua a encantar e inspirar fotógrafos de todas as idades.

1.5. O Papel Fotográfico e o Processo de Revelação

O papel fotográfico é um material sensível à luz, revestido com uma emulsão química que reage à exposição à luz, transformando-a em uma imagem visível. Esse processo, conhecido como revelação, é uma verdadeira alquimia que transforma a fotografia latente em uma obra de arte tangível.

Diversidade de Papel Fotográfico

Existem diversos tipos de papel fotográfico, cada um com suas características e finalidades:

- **Papel Glossy:** Possui um acabamento brilhante, ideal para fotografias com cores vibrantes e alto contraste.
- **Papel Matte:** Tem um acabamento fosco, que reduz reflexos e proporciona uma reprodução mais suave das cores.

- **Papel Texturizado:** Apresenta diferentes texturas, como fibra ou tela, conferindo um aspecto mais artístico às fotografias.
- **Papel Baryta:** Um papel de alta qualidade, com base em sulfato de bário, que proporciona uma excelente reprodução de cores e tons.

A escolha do papel fotográfico depende do efeito desejado e do tipo de fotografia a ser impressa.

O Processo de Revelação

A revelação de fotos é um processo químico que transforma a imagem latente registrada no filme fotográfico em uma imagem visível. Esse processo envolve várias etapas:

1. **Revelação:** O papel fotográfico exposto à luz é mergulhado em um banho de revelador, que transforma os cristais de halcto de prata expostos à luz em prata metálica, formando a imagem visível.
2. **Interruptor:** O papel é transferido para um banho de interruptor, que interrompe a ação do revelador e prepara o papel para a próxima etapa.
3. **Fixador:** O fixador remove os cristais de haleto de prata não expostos, fixando a imagem de forma permanente.
4. **Lavagem:** O papel é lavado em água corrente para remover os produtos químicos utilizados nas etapas anteriores.
5. **Secagem:** O papel é seco em condições controladas para evitar manchas e deformidades.

A Revelação Digital:

Com o avanço da tecnologia, a revelação digital se tornou uma alternativa popular. Nessa técnica, a imagem digital é impressa em um papel fotográfico utilizando tintas especiais. A qualidade da impressão digital é cada vez mais próxima da revelação tradicional, oferecendo praticidade e rapidez.

Por que Revelar Fotos?

- **Qualidade da imagem:** A revelação em papel fotográfico proporciona uma qualidade de imagem superior, com cores mais vibrantes e maior durabilidade.

- **Autenticidade:** As fotografias reveladas em papel possuem um charme e uma textura únicos, que as diferenciam das impressões digitais.

- **Valor sentimental:** As fotografias reveladas em papel possuem um valor sentimental maior, sendo mais apreciadas e guardadas como recordações.

O papel fotográfico e o processo de revelação são elementos essenciais para a fotografia analógica e digital. Ao escolher o papel fotográfico ideal e realizar o processo de revelação de forma correta, é possível obter fotografias com alta qualidade e durabilidade.

1.6. Qual é a relação entre a fotografia e o cinema?

A fotografia e o cinema possuem uma relação intrínseca e histórica, sendo que um influenciou profundamente o outro.

A fotografia como base do cinema:

- **Captura de imagens:** Tanto a fotografia quanto o cinema se baseiam na captura de imagens através da luz. A fotografia captura um instante congelado no tempo, enquanto o cinema captura uma sequência de imagens para criar a ilusão de movimento.

- **Técnicas e equipamentos:** Muitas das técnicas e equipamentos utilizados na fotografia, como lentes, obturadores e filmes, foram adaptados e aperfeiçoados para o cinema.

- **Composição e enquadramento:** Os princípios básicos da composição e enquadramento, desenvolvidos na fotografia, são fundamentais para a linguagem cinematográfica.

Influências mútuas:

- **Fotografia como inspiração:** A fotografia inspirou os primeiros cineastas a criar narrativas visuais e a explorar a linguagem da imagem em movimento.

- **Cinema como evolução da fotografia:** O cinema pode ser visto como uma evolução da fotografia, que adiciona o elemento tempo e movimento à imagem estática.

- **Fotografia no cinema:** A fotografia continua sendo uma ferramenta fundamental no cinema, tanto na captura de imagens como na criação de efeitos especiais.

Exemplos de intersecção entre fotografia e cinema:

- **Fotogramas:** Cada imagem individual de um filme é um fotograma, ou seja, uma fotografia em movimento.

- **Storyboard:** Antes de filmar, os cineastas costumam criar storyboards, que são sequências de desenhos que funcionam como um roteiro visual, semelhante a um álbum de fotos.
- **Cinemagrafia:** Uma técnica que combina fotografia e cinema, criando imagens em movimento a partir de fotografias estáticas.

A fotografia e o cinema estão intrinsecamente ligados, sendo que um influenciou e evoluiu com o outro. A fotografia serve como base para o cinema, fornecendo as ferramentas e os princípios básicos para a criação de imagens em movimento. Ao mesmo tempo, o cinema expandiu as possibilidades da linguagem visual, inspirando novos artistas e fotógrafos.

1.7. A fotografia e os gêneros cinematográficos

A fotografia, enquanto linguagem visual, desempenha um papel fundamental na construção da narrativa cinematográfica. Através da escolha de planos, ângulos, enquadramentos e da manipulação da luz, a fotografia cinematográfica molda a percepção do público, conduzindo-o através da história e intensificando a experiência cinematográfica.

Analisando a fotografia em diferentes gêneros:

- **Drama:** A fotografia no drama busca realismo e autenticidade, utilizando planos médios e close-ups para revelar as emoções dos personagens. A luz natural e ambientes realistas são comuns, com a fotografia trabalhando em conjunto com o roteiro para criar uma atmosfera emocional.

- **Comédia:** A fotografia na comédia é mais flexível, podendo variar entre o realismo e o exagero. A utilização de planos amplos, ângulos inusitados e efeitos visuais cômicos são frequentes, buscando gerar humor e leveza.

- **Ação:** A fotografia de ação é marcada por planos rápidos, movimentos de câmera dinâmicos e ângulos que enfatizam a velocidade e a adrenalina. A luz contrastante e as cores vibrantes são utilizadas para criar uma atmosfera intensa e emocionante.

- **Terror:** A fotografia no terror utiliza a escuridão, sombras e planos close-up para criar suspense e medo. A luz é manipulada para destacar elementos assustadores e criar uma atmosfera opressiva.

- **Ficção científica:** A fotografia na ficção científica é altamente estilizada, utilizando efeitos visuais e cenários futuristas para criar um mundo imaginário. A fotografia trabalha em conjunto com os efeitos especiais para construir um universo visual único e convincente.

- **Documentário:** A fotografia no documentário busca o realismo e a objetividade, utilizando planos abertos e longas tomadas para capturar a realidade de forma autêntica. A luz natural e a ausência de manipulação são características comuns.

Elementos da fotografia cinematográfica e seus efeitos:

- **Plano:** A escolha do plano (geral, médio, close-up) determina a quantidade de informação visual que o espectador recebe e influencia a sua percepção dos personagens e do ambiente.

- **Ângulo:** O ângulo da câmera em relação ao sujeito (normal, picado, contrapicado) pode transmitir diferentes sensações, como superioridade, inferioridade ou vulnerabilidade.

- **Enquadramento:** A forma como os elementos são dispostos dentro do quadro influencia o significado da imagem e a atenção do espectador.

- **Luz:** A luz molda a atmosfera da cena, cria contrastes, destaca elementos importantes e influencia a percepção da profundidade.

- **Cores:** As cores possuem um forte poder evocativo e podem ser utilizadas para transmitir emoções, criar atmosferas e estabelecer relações entre os elementos da cena.

- **Movimentos de câmera:** Os movimentos de câmera (panorâmica, tracking, zoom) podem acompanhar a ação, revelar novos detalhes ou criar uma sensação de movimento.

A fotografia cinematográfica é uma ferramenta poderosa que molda a forma como percebemos e interpretamos as histórias que vemos na tela. Ao dominar os elementos da fotografia cinematográfica, os cineastas podem criar mundos visualmente ricos e envolventes, transportando o público para diferentes realidades e emoções.

1.8. A Fotografia Noir

Sombras, Mistério e Influência no Cinema Moderno

O cinema noir, gênero cinematográfico surgido nos anos 1940, é caracterizado por suas histórias de crime, suspense e fatalismo, ambientadas em cidades grandes e sombrias. A fotografia nesse gênero desempenha um papel fundamental na construção da atmosfera noir, transmitindo sensações de mistério, perigo e fatalismo.

6.1. Características da Fotografia Noir

- **Preto e branco:** A fotografia noir é quase sinônimo de preto e branco. A ausência de cores intensifica o contraste entre luz e sombra, criando uma atmosfera visualmente rica e expressiva.

- **Iluminação contrastante:** A iluminação é um elemento chave no cinema noir. A utilização de luzes duras e sombras profundas cria um clima de suspense e mistério, enfatizando a faceta sombria dos personagens e ambientes.

- **Planos baixos:** Os planos baixos são frequentemente utilizados para criar uma sensação de opressão e claustrofobia, enfatizando a vulnerabilidade dos personagens.

- **Composição simétrica:** A composição simétrica é comum nos filmes noir, conferindo um aspecto formal e elegante à imagem, contrastando com a natureza sombria das histórias.

- **Reflexos e espelhos:** Reflexos e espelhos são utilizados para criar um efeito de duplicidade e desorientação, sugerindo a dualidade da natureza humana e a presença de forças obscuras.

A Influência do Noir no Cinema Moderno

A estética noir, com sua fotografia marcante, exerceu uma profunda influência no cinema moderno. Diversos gêneros e diretores foram inspirados pelas características visuais do noir:

- **Filmes de suspense:** O cinema noir influenciou diretamente o gênero suspense, com a utilização de elementos como a iluminação contrastante, os planos baixos e as atmosferas sombrias.

- **Neo-noir:** A partir dos anos 1970, surgiu o neo-noir, um movimento que reinterpreta os elementos clássicos do noir, adaptando-os a novas narrativas e contextos.

- **Filmes de crime:** A fotografia noir continua a ser utilizada em filmes de crime, contribuindo para a construção de atmosferas tensas e perigosas.

- **Cinema independente:** Muitos cineastas independentes utilizam elementos da fotografia noir para criar filmes com uma estética visual marcante e autoral.

Exemplos de filmes noir e neo-noir:

- **Clássicos:** O Falcão Maltês, A Mulher do Vodu, O Terceiro Homem.

- **Neo-noir:** Chinatown, L.A. Confidential, Blade Runner.

A fotografia noir é uma linguagem visual rica e expressiva, que contribuiu significativamente para a história do cinema.

Sua influência pode ser percebida em diversos gêneros e estilos cinematográficos, demonstrando a durabilidade e a relevância de suas características visuais.

A Fotografia Noir e a Literatura Policial

A fotografia noir e a literatura policial compartilham uma história rica e interligada, influenciando-se mutuamente na criação de atmosferas sombrias, personagens complexos e narrativas envolventes.

As Raízes Comuns:

- **Ambientação urbana:** Tanto a literatura policial quanto o cinema noir encontram suas raízes nas grandes cidades, onde a escuridão e a decadência criam o cenário perfeito para histórias de crime e mistério.

- **Personagens complexos:** Detetives particulares, anti-heróis e mulheres fatais são personagens recorrentes em ambos os meios, explorando a dualidade da natureza humana e a luta entre o bem e o mal.

- **Atmosfera de suspense:** O suspense é um elemento fundamental tanto na literatura policial quanto no cinema noir. A fotografia, com suas sombras e contrastes, contribui para a construção dessa atmosfera tensa e enigmática.

A Influência Mútua:

- **Literatura para o cinema:** Muitos dos clássicos do cinema noir foram adaptados de romances policiais, como "O Falcão Maltês" de Dashiell Hammett e "O Grande Sono" de Raymond Chandler. Essas adaptações cinematográficas enriqueceram a narrativa original com a linguagem visual da fotografia noir.

- **Cinema para a literatura:** Por outro lado, o cinema noir inspirou novos escritores a explorar temas e atmosferas semelhantes em suas obras. A estética visual do noir, com suas sombras e contrastes, influenciou a descrição dos cenários e personagens nos romances policiais.

Elementos Compartilhados:

- **A cidade como personagem:** Tanto na literatura quanto no cinema noir, a cidade é retratada como um personagem à parte, com suas ruas escuras, becos sinuosos e edifícios imponentes.

- **A busca pela verdade:** Os protagonistas de ambas as mídias são frequentemente motivados pela busca pela verdade, investigando crimes complexos e desvendando mistérios.

- **A moralidade ambígua:** A moralidade dos personagens é frequentemente ambígua, com áreas cinzentas entre o bem e o mal.

A Perpetuação da Estética Noir:

A estética noir continua a influenciar a cultura popular, sendo revisitada e reinterpretada em diversas obras contemporâneas. A fotografia noir, com sua linguagem visual rica e expressiva, continua a ser uma referência para cineastas e fotógrafos que buscam criar atmosferas de mistério e suspense.

A relação entre a fotografia noir e a literatura policial é profunda e complexa, com ambos os meios influenciando-se mutuamente na criação de narrativas envolventes e atmosferas sombrias. A estética noir, com suas sombras, contrastes e personagens complexos, continua a fascinar e inspirar artistas e espectadores até os dias de hoje.

A Evolução da Estética Noir ao Longo do Tempo

A estética noir, com suas sombras profundas, iluminação contrastante e narrativas sombrias, tem evoluído significativamente desde suas origens nos anos 1940. Embora as raízes permaneçam, as adaptações e reinterpretações ao longo das décadas moldaram uma estética que, ao mesmo tempo, é fiel às suas origens e contemporânea.

O Noir Clássico (anos 1940-1950):

- **Preto e branco:** A marca registrada do noir clássico. As imagens em preto e branco intensificavam o contraste entre luz e sombra, criando uma atmosfera visualmente rica e expressiva.

- **Cidades como personagens:** As grandes cidades americanas, como Los Angeles e Nova York, eram retratadas como personagens à parte, com suas ruas escuras e becos sinuosos.

- **Personagens complexos:** Detetives particulares, anti-heróis e mulheres fatais eram os protagonistas típicos, explorando a dualidade da natureza humana.

- **Fatalismo:** A sensação de inevitabilidade e a crença de que o destino já estava traçado permeavam as narrativas.

O Neo-Noir (anos 1970 em diante):

- **Cores:** O neo-noir introduziu o uso de cores, especialmente tons de amarelo e azul, para criar atmosferas mais vibrantes e contemporâneas.

- **Novos cenários:** Além das grandes cidades, o neo-noir explorou novos cenários, como pequenas cidades e áreas rurais.

- **Temas mais amplos:** Os temas abordados se expandiram para além do crime, incluindo questões sociais e políticas.

- **Reflexões sobre a sociedade:** O neo-noir se tornou um veículo para a crítica social, explorando temas como corrupção, alienação e a perda da identidade.

O Noir Contemporâneo:

- **Hibridização:** O noir contemporâneo mistura elementos do noir clássico com outros gêneros, como o cyberpunk, o thriller psicológico e o horror.

- **Globalização:** A estética noir se espalhou por todo o mundo, com adaptações e reinterpretações em diferentes culturas.

- **Novos formatos:** O noir se adaptou a novos formatos, como séries de televisão e videogames.

- **Tecnologias:** As tecnologias digitais permitiram a criação de efeitos visuais mais sofisticados, expandindo as possibilidades da estética noir.

Elementos que permanecem:

- **Sombras e contrastes:** A iluminação contrastante continua sendo um elemento fundamental da estética noir, criando uma atmosfera visualmente rica e expressiva.

- **Personagens complexos:** A exploração da dualidade da natureza humana e a presença de anti-heróis são características que persistem ao longo do tempo.

- **Temas universais:** A busca pela verdade, a luta contra a corrupção e a exploração da condição humana são temas atemporais que continuam a ser explorados no noir.

A estética noir, apesar de suas raízes nos anos 1940, continua a evoluir e se adaptar às novas realidades. A fotografia noir, com suas sombras, contrastes e atmosferas sombrias, permanece como uma linguagem visual poderosa, capaz de transmitir emoções e narrativas complexas.

A Representação da Mulher na Estética Noir

A representação da mulher na estética noir, desde seus primórdios até os dias atuais, é um tema complexo e repleto de nuances. As mulheres, frequentemente retratadas como figuras enigmáticas e ambíguas, desempenham papéis cruciais nas narrativas noir, mas também são sujeitas a estereótipos e limitações.

A Femme Fatale:

- **O estereótipo:** A femme fatale é, talvez, a representação feminina mais icônica do noir. Ela é uma mulher sedutora, manipuladora e muitas vezes fatal, que atrai os homens para a perdição.

- **Evolução:** Ao longo do tempo, a figura da femme fatale evoluiu, tornando-se mais complexa e menos estereotipada. Em filmes mais recentes, as mulheres fatales são frequentemente retratadas como vítimas das circunstâncias ou como personagens com motivações próprias.

Outras Representações:

- **A mulher como vítima:** Muitas vezes, as mulheres são retratadas como vítimas de crimes ou de homens abusivos. Essa representação, embora problemática, reflete a realidade social da época em que os filmes noir foram produzidos.

- **A mulher como detetive:** A medida que o gênero noir evoluiu, as mulheres começaram a assumir papéis mais ativos nas narrativas, como detetives particulares ou parceiras de investigação.

- **A mulher como força da natureza:** Em alguns filmes, as mulheres são retratadas como forças da natureza, capazes de causar tanto destruição quanto criação.

Críticas e Mudanças:

- **Estereótipos:** A representação estereotipada da mulher como objeto sexual ou vítima foi alvo de críticas por reforçar papéis de gênero tradicionais e limitar a complexidade das personagens femininas.

- **Evolução:** Com o passar do tempo, a representação da mulher no noir tornou-se mais complexa e diversificada, refletindo as mudanças sociais e culturais.

- **Feminismo:** O movimento feminista influenciou a forma como as mulheres são retratadas no cinema, exigindo mais representatividade e personagens femininas mais fortes e autônomas.

O Noir Contemporâneo:

- **Diversidade:** No noir contemporâneo, a representação da mulher é mais diversa, com personagens que desafiam os estereótipos e exploram novas facetas da feminilidade.

- **Mulheres como protagonistas:** As mulheres estão cada vez mais assumindo o papel de protagonistas em filmes noir, conduzindo as narrativas e tomando decisões importantes.

- **Complexidade psicológica:** As personagens femininas são retratadas com maior profundidade psicológica, explorando suas motivações, medos e desejos.

A representação da mulher na estética noir é um reflexo da sociedade em que os filmes foram produzidos. Ao longo do tempo, houve uma evolução significativa, com as mulheres passando de objetos a sujeitos, com desejos, ambições e complexidades próprias. Embora ainda existam desafios, a tendência é para uma representação mais justa e realista das mulheres no cinema noir.

1.9. A Utilização da Cor na Fotografia

A fotografia nem sempre foi em cores. A cor, na fotografia, é muito mais do que uma mera representação visual. Ela possui um poder expressivo inigualável, capaz de evocar emoções, criar atmosferas e transmitir mensagens de forma sutil ou evidente. A escolha e a manipulação das cores podem transformar uma imagem em uma experiência única e memorável.

A Psicologia das Cores

Cada cor está associada a um conjunto de significados e emoções universais, moldados por experiências culturais e individuais. Algumas associações comuns incluem:

- **Vermelho:** Paixão, energia, perigo, amor.
- **Azul:** Calma, tranquilidade, confiança, tristeza.
- **Verde:** Natureza, esperança, frescor, inveja.
- **Amarelo:** Alegria, otimismo, calor, covardia.
- **Violeta:** Mistério, espiritualidade, luxo, tristeza.

No entanto, é importante ressaltar que o significado das cores pode variar dependendo do contexto cultural e da combinação com outras cores.

A Cor na Fotografia: Funções e Efeitos

- **Criar atmosfera:** As cores podem estabelecer o clima de uma imagem, seja ele alegre, sombrio, romântico ou dramático.

- **Destacar elementos:** As cores vibrantes podem ser usadas para destacar elementos específicos da imagem, enquanto as cores mais suaves podem criar um efeito mais sutil.

- **Transmitir emoções:** A escolha das cores pode evocar uma ampla gama de emoções no espectador, desde a alegria até a tristeza.

- **Contar histórias:** As cores podem ser usadas para contar histórias e transmitir mensagens subliminares.

- **Criar harmonia e contraste:** A combinação de cores complementares ou contrastantes pode criar composições visuais agradáveis ou impactantes.

Técnicas de Manipulação da Cor

- **Balanço de branco:** Ajustar o balanço de branco permite que as cores sejam reproduzidas de forma mais fiel à realidade ou para criar efeitos mais artísticos.

- **Contraste:** Aumentar ou diminuir o contraste entre as cores pode intensificar a imagem ou criar uma atmosfera mais suave.

- **Saturação:** A saturação controla a intensidade das cores, permitindo criar imagens mais vibrantes ou mais desbotadas.

- **Tons:** A adição de tons (como sépia ou preto e branco) pode dar à imagem um aspecto vintage ou mais dramático.

- **Filtros:** Os filtros podem ser usados para alterar as cores de forma seletiva, criando efeitos especiais.

- **Edição digital:** Softwares de edição de imagem oferecem uma infinidade de ferramentas para manipular as cores de forma precisa.

1.10. A Cor na História da Fotografia

A cor na fotografia evoluiu ao longo do tempo. Inicialmente, a fotografia era predominantemente em preto e branco, mas com o desenvolvimento de novas tecnologias, a cor se tornou uma ferramenta essencial para os fotógrafos. Atualmente, a fotografia colorida é a norma, mas a fotografia em preto e branco continua sendo valorizada por sua capacidade de transmitir emoções e criar atmosferas únicas.

A cor é uma ferramenta poderosa na fotografia, capaz de transformar uma imagem em uma experiência visual rica e significativa. Ao entender a psicologia das cores e as técnicas de manipulação, os fotógrafos podem criar imagens que comunicam suas ideias de forma eficaz e emocionante.

A Cor na Fotografia de Arte

A cor, na fotografia de arte, transcende a mera representação da realidade. Ela se torna uma ferramenta expressiva, capaz de evocar emoções, contar histórias e desafiar a percepção do espectador. A fotografia de arte, ao explorar as infinitas possibilidades da cor, abre portas para um universo de interpretações e experiências visuais únicas.

A Cor como Linguagem

Na fotografia de arte, a cor é uma linguagem rica e complexa. Através dela, o fotógrafo pode:

- **Transmitir emoções:** Cores quentes como vermelho e laranja evocam paixão e energia, enquanto cores frias como azul e verde transmitem calma e serenidade.

- **Criar atmosferas:** A combinação de cores pode construir atmosferas oníricas, misteriosas, alegres ou melancólicas.

- **Contar histórias:** As cores podem ser utilizadas para narrar histórias, simbolizar ideias e criar metáforas visuais.

- **Experimentar e desafiar:** A fotografia de arte permite que os fotógrafos explorem combinações de cores inesperadas e desafiadoras, expandindo os limites da percepção visual.

Técnicas e Conceitos

- **Harmonia e contraste:** A combinação de cores complementares ou análogas cria harmonia, enquanto o contraste entre cores quentes e frias pode gerar tensão e dinamismo.

- **Monocromia:** A fotografia em preto e branco, embora não utilize a cor, explora a gama de tons de cinza para criar imagens de grande impacto visual.

- **Cores saturadas e desaturadas:** A saturação da cor pode intensificar a emoção da imagem ou criar um efeito mais suave e melancólico.

- **Cores simbólicas:** As cores podem carregar significados simbólicos, variando de acordo com a cultura e o contexto.

1.11. A Cor na História da Fotografia de Arte

A fotografia em cores surgiu no século XIX, mas foi no século XX que a cor se tornou um elemento central na fotografia de arte. Artistas como Man Ray, László Moholy-Nagy e Saul Leiter exploraram as possibilidades da cor, criando obras que desafiaram as convenções da época.

A Fotografia de Arte Contemporânea

Na fotografia de arte contemporânea, a cor continua sendo um elemento fundamental. Artistas como Jeff Wall, Cindy Sherman e Hiroshi Sugimoto utilizam a cor de forma inovadora, criando obras que dialogam com a cultura visual contemporânea e questionam a natureza da fotografia.

A Cor e o Espectador

A interpretação da cor na fotografia de arte é subjetiva e depende da experiência pessoal de cada espectador. As associações que cada um faz com as cores são influenciadas por fatores culturais, emocionais e individuais.

A cor na fotografia de arte é uma ferramenta poderosa que permite aos artistas expressarem suas ideias e emoções de forma única e original. Ao explorar as infinitas possibilidades da cor, os fotógrafos de arte convidam o espectador a uma jornada visual repleta de significado e beleza.

1.12. A Cor em Diferentes Estilos Fotográficos

A cor, como já discutimos, é uma ferramenta poderosa na fotografia, capaz de evocar emoções, criar atmosferas e contar histórias. A maneira como a cor é utilizada varia significativamente entre os diferentes estilos fotográficos, refletindo suas características e objetivos estéticos.

Fotografia de Paisagem

- **Cores vibrantes:** Capturam a beleza natural e a exuberância da natureza, transmitindo sensações de vida e energia.

- **Tons pastéis:** Criam atmosferas suaves e românticas, ideal para paisagens bucólicas e momentos de tranquilidade.

- **Tons quentes e frios:** A combinação de cores quentes (vermelho, laranja, amarelo) e frias (azul, verde, violeta) pode criar profundidade e dimensão na imagem.

- **Preto e branco:** Apesar de não utilizar a cor, a fotografia de paisagem em preto e branco pode enfatizar formas, texturas e contrastes, criando imagens atemporais e elegantes.

Fotografia de Retrato

- **Cores complementares:** Destacam os traços do rosto e criam um efeito vibrante e impactante.
- **Tons pastéis:** Transmitem suavidade e romantismo, ideal para retratos femininos e infantis.
- **Cores monocromáticas:** Criam uma atmosfera atemporal e elegante, ideal para retratos clássicos.
- **Cores vibrantes:** Podem ser utilizadas para expressar a personalidade e a energia do sujeito.

Fotografia de Moda

- **Cores vibrantes e saturadas:** Transmitem o glamour e a energia da moda, destacando as roupas e acessórios.
- **Cores complementares:** Criam contrastes visuais que chamam a atenção para os detalhes do look.
- **Tons pastéis:** Transmitem um ar mais romântico e delicado, ideal para campanhas mais suaves.
- **Cores monocromáticas:** Podem ser utilizadas para criar um efeito mais sofisticado e atemporal.

Fotografia de Rua

- **Cores vibrantes:** Capturam a energia e a diversidade das cidades, transmitindo a sensação de movimento e caos.

- **Tons sépia:** Conferem um ar nostálgico e vintage às imagens, ideal para retratar a vida cotidiana.

- **Cores complementares:** Criam contrastes visuais que chamam a atenção para elementos específicos da cena.

- **Preto e branco:** Enfatizam as formas, texturas e contrastes, criando imagens atemporais e impactantes.

Fotografia de Arquitetura

- **Cores complementares:** Destacam as linhas e formas dos edifícios, criando composições visuais dinâmicas.

- **Tons quentes:** Transmitem a sensação de calor e aconchego, ideal para retratar interiores.

- **Tons frios:** Conferem um ar mais imponente e majestoso aos edifícios, ideal para fotografias de exteriores.

- **Preto e branco:** Enfatizam as texturas e os detalhes arquitetônicos, criando imagens atemporais e elegantes.

Fotografia de Arte

- **Cores abstratas:** Exploram as possibilidades da cor de forma livre e experimental, criando imagens que desafiam a percepção.

- **Cores simbólicas:** As cores são utilizadas para transmitir significados e ideias, criando obras com forte carga simbólica.

- **Cores complementares:** Criam contrastes visuais que geram tensão e dinamismo.

- **Cores monocromáticas:** Transmitem uma sensação de calma e serenidade, ideal para obras contemplativas.

É importante ressaltar que a utilização da cor na fotografia é um processo criativo e subjetivo. Não existem regras absolutas, e o fotógrafo pode experimentar e combinar diferentes cores para alcançar o efeito desejado.

1.13. A Influência da Cultura na Percepção das Cores

A cor, além de ser um elemento visual, carrega consigo um profundo significado cultural. As associações que fazemos com as cores são moldadas pelas experiências, histórias e valores de cada sociedade. O que uma cor representa em uma cultura pode ser completamente diferente em outra.

Por que a cultura influencia a percepção das cores?

- **Simbolismo:** Cada cultura atribui significados simbólicos às cores, baseados em suas crenças, religiões, história e eventos importantes. Por exemplo, o branco é associado à pureza e paz em muitas culturas ocidentais, enquanto em algumas culturas asiáticas, representa o luto.

- **Linguagem:** A linguagem utilizada para descrever as cores varia significativamente entre as culturas.

Algumas línguas possuem um vocabulário mais rico para descrever nuances de cor, enquanto outras possuem menos termos específicos.

- **Experiências:** As experiências pessoais e coletivas moldam a forma como percebemos as cores. Eventos históricos, festividades e tradições podem criar associações emocionais com determinadas cores.

- **Natureza:** A percepção das cores também é influenciada pela natureza. Culturas que vivem em ambientes com pouca luz natural podem ter uma percepção diferente das cores em comparação com culturas que vivem em regiões mais ensolaradas.

Exemplos de diferenças culturais na percepção das cores:

- **Vermelho:** No Ocidente, o vermelho é frequentemente associado à paixão, ao perigo e ao amor. Na Índia, o vermelho é considerado uma cor auspiciosa e é usado em casamentos.

- **Branco:** No Ocidente, o branco simboliza pureza e inocência. Na China, o branco está associado ao luto e à morte.

- **Amarelo:** No Ocidente, o amarelo é associado à alegria e ao otimismo. Em algumas culturas asiáticas, o amarelo representa a realeza e a nobreza.

- **Preto:** No Ocidente, o preto está associado ao luto e ao mistério. Em algumas culturas africanas, o preto representa sabedoria e força.

A importância de entender a influência cultural da cor:

- **Comunicação visual:** Ao criar designs, logotipos ou materiais de marketing, é fundamental considerar o significado cultural das cores para garantir que a mensagem seja compreendida corretamente pelo público-alvo.

- **Arte e design:** Artistas e designers utilizam as cores para transmitir emoções e ideias, e a compreensão das associações culturais das cores é essencial para criar obras de arte eficazes.

- **Viagens e intercâmbio cultural:** Ao viajar para outros países, é importante estar ciente dos significados culturais das cores para evitar mal-entendidos e apreciar a riqueza cultural de cada lugar.

A percepção das cores é um fenômeno complexo que vai além da simples identificação de tonalidades. As associações culturais moldam a forma como interpretamos as cores, atribuindo-lhes significados simbólicos e emocionais. Ao entender a influência da cultura na percepção das cores, podemos nos comunicar de forma mais eficaz e apreciar a diversidade cultural do mundo.

1.14. Fotografia Monocromática

A fotografia monocromática, especialmente em preto e branco, é uma técnica que transcende modas e permanece relevante na fotografia contemporânea. Embora a fotografia colorida seja dominante no mundo digital, o monocromático continua a cativar fotógrafos e espectadores por sua capacidade de transmitir emoções, criar atmosferas e destacar elementos visuais de forma única.

O que é Fotografia Monocromática?

A fotografia monocromática é aquela que utiliza apenas uma cor e suas tonalidades, desde os tons mais claros até os mais escuros. A mais conhecida é a fotografia em preto e branco, mas a técnica pode ser aplicada a qualquer cor.

Por que a Fotografia Monocromática Continua Relevante?

- **Simplicidade e Elegancia:** Ao eliminar a distração da cor, a fotografia monocromática direciona a atenção do espectador para a forma, textura e composição da imagem.

- **Emoção e Atmosfera:** O preto e branco, em particular, é frequentemente associado a sentimentos de nostalgia, mistério e elegância. Ele pode criar atmosferas dramáticas e intensas.

- **Atemporalidade:** As imagens em preto e branco tendem a parecer atemporais, transcendendo modas e tendências.

- **Foco no Essencial:** A fotografia monocromática obriga o fotógrafo a se concentrar nos elementos essenciais da imagem, como luz, sombra e contraste.

- **Estilo Artístico:** Muitos fotógrafos utilizam o preto e branco como um elemento de estilo para criar imagens mais artísticas e expressivas.

Contexto Atual da Fotografia Monocromática

- **Resgate do Clássico:** Em um mundo cada vez mais digital e colorido, a fotografia monocromática representa um retorno às origens da fotografia e um contraponto à saturação de imagens coloridas.

- **Edição Digital:** Ferramentas de edição de imagem permitem que os fotógrafos transformem suas imagens coloridas em preto e branco com grande precisão e controle criativo.

- **Redes Sociais e Plataformas Online:** A fotografia monocromática é popular em plataformas como o Instagram, onde filtros e aplicativos permitem que os usuários criem facilmente imagens em preto e branco.

- **Fotografia de Arte:** Muitos fotógrafos contemporâneos utilizam a fotografia monocromática para criar obras de arte, explorando as possibilidades expressivas da técnica.

- **Publicidade e Moda:** A fotografia monocromática continua sendo utilizada em campanhas publicitárias e editoriais de moda para criar um visual sofisticado e atemporal.

Dicas para Fotografar em Monocromático

- **Compreenda a luz:** A luz é fundamental na fotografia em preto e branco. Explore diferentes fontes de luz e ângulos para criar contrastes interessantes.

- **Preste atenção nas texturas:** As texturas se destacam em preto e branco, então procure elementos com texturas interessantes para fotografar.

- **Simplifique a cena:** Ao remover a cor, a composição se torna mais importante. Simplifique a cena e concentre-se nos elementos-chave.

- **Experimente diferentes tons de cinza:** Utilize ferramentas de edição para ajustar os tons de cinza e criar diferentes atmosferas.

- **Inspire-se nos clássicos:** Estude o trabalho de grandes mestres da fotografia em preto e branco para se inspirar e desenvolver seu próprio estilo.

A fotografia monocromática é uma técnica atemporal que continua a fascinar e inspirar fotógrafos e espectadores. Sua capacidade de transmitir emoções, criar atmosferas e destacar a essência de uma imagem a torna uma escolha popular tanto para fotógrafos profissionais quanto para amadores.

1.15. Por que Fazer Fotos Monocromáticas

A fotografia monocromática, também conhecida como fotografia em preto e branco, continua a encantar fotógrafos e espectadores por diversas razões. **Vamos explorar algumas delas:**

Magia da Simplicidade

- **Foco no Essencial:** Ao eliminar a distração da cor, a fotografia monocromática direciona a atenção do espectador para a forma, textura e composição da imagem.

- **Emoção Pura:** O preto e branco é frequentemente associado a sentimentos profundos e atemporais, como nostalgia, mistério e elegância.

- **Estilo Atemporal:** As imagens em preto e branco transcendem modas e tendências, garantindo que sua obra permaneça relevante por muitos anos.

Uma Ferramenta Criativa Poderosa

- **Construção de Atmosfera:** O preto e branco permite criar atmosferas dramáticas, intensas ou melancólicas com facilidade.

- **Destaque em Texturas:** As texturas se destacam de forma marcante em imagens monocromáticas, adicionando profundidade e riqueza visual.

- **Versatilidade:** A fotografia monocromática pode ser aplicada a diversos gêneros, desde retratos e paisagens até fotografia de rua e de arte.

A Relevância no Mundo Digital

- **Contraponto à Saturação:** Em um mundo visualmente saturado, a simplicidade do preto e branco oferece um refúgio visual e uma nova perspectiva.

- **Edição Criativa:** Ferramentas de edição digital permitem transformar suas imagens coloridas em obras-primas monocromáticas com grande precisão e controle criativo.

- **Popularidade nas Redes Sociais:** Plataformas como o Instagram valorizam a estética do preto e branco, oferecendo um público engajado para suas criações.

Benefícios para o Fotógrafo

- **Desenvolvimento da Visão Criativa:** A fotografia monocromática exige que você pense de forma diferente sobre a composição e a luz, aprimorando sua visão artística.

- **Conexão com a História da Fotografia:** Ao explorar o preto e branco, você se conecta com os mestres da fotografia e com as raízes da própria fotografia.

- **Satisfação Pessoal:** A criação de imagens em preto e branco pode ser uma experiência profundamente gratificante, proporcionando um senso de realização e criatividade.

A fotografia monocromática oferece uma infinidade de possibilidades criativas e continua a ser uma escolha popular entre fotógrafos de todos os níveis. Se você busca uma forma de expressar sua visão artística de maneira atemporal e impactante, o preto e branco é uma ferramenta poderosa a ser explorada.

1.16. A Fotografia Monocromática na Era Digital

A fotografia monocromática, especialmente em preto e branco, continua a ser uma escolha popular na era digital, oferecendo um visual atemporal e elegante. Com as ferramentas de edição disponíveis hoje, é mais fácil do que nunca transformar suas fotos coloridas em obras-primas monocromáticas.

Como usar a fotografia monocromática na era digital:

1. Captura da Imagem:

- **Compreenda a luz:** A luz é fundamental para a fotografia em preto e branco. Experimente diferentes fontes de luz e ângulos para criar contrastes interessantes.

- **Preste atenção às texturas:** As texturas se destacam em preto e branco, então procure elementos com texturas interessantes para fotografar.

- **Simplifique a cena:** Ao remover a cor, a composição se torna mais importante. Simplifique a cena e concentre-se nos elementos-chave.

Edição Digital:

- **Conversão para Preto e Branco:**
    - **Presets:** Utilize presets prontos para aplicar estilos de preto e branco rapidamente.
    - **Ajustes manuais:** Ajuste o contraste, brilho, sombras e nitidez para obter o resultado desejado.
    - **Curvas de tons:** Ajuste as curvas de tons para controlar a distribuição de tons de cinza e criar diferentes atmosferas.

- **Tons de Cinza:**
    - **Tons quentes:** Crie uma atmosfera mais quente e dramática.
    - **Tons frios:** Consiga uma atmosfera mais fria e melancólica.
    - **Tons contrastantes:** Aumente o contraste entre os tons claros e escuros para um visual mais dramático.
- **Grãos e Vinhetas:**
    - **Grãos:** Simule o aspecto granulado da fotografia analógica para um visual mais clássico.
    - **Vinhetas:** Escureça as bordas da imagem para criar um efeito mais dramático e focalizar a atenção no centro.

Criatividade e Estilo Pessoal:

- **Experimente diferentes estilos:** Explore diferentes estilos de preto e branco, como o clássico, o dramático, o minimalista, etc.
- **Inspire-se:** Observe o trabalho de fotógrafos renomados e busque referências para desenvolver seu próprio estilo.
- **Conte histórias:** Utilize o preto e branco para contar histórias e transmitir emoções.

Software de Edição Recomendado:

- **Adobe Lightroom:** Oferece uma ampla gama de ferramentas para edição de preto e branco, incluindo presets e ajustes manuais.

- **Adobe Photoshop:** Permite um controle mais preciso sobre a edição de cores e a criação de efeitos especiais.

- **Capture One:** Conhecido por sua qualidade de imagem e ferramentas de edição avançadas.

- **GIMP:** Uma alternativa gratuita ao Photoshop, com muitas funcionalidades para edição de fotos.

Dicas Extras:

- **Comece com fotos coloridas:** Converta suas fotos coloridas em preto e branco para experimentar diferentes estilos e técnicas.

- **Explore diferentes formatos:** Experimente diferentes formatos de imagem, como quadrados ou panorâmicos, para criar composições mais interessantes.

- **Compartilhe suas fotos:** Compartilhe suas fotos em preto e branco em redes sociais e grupos online para receber feedback e se conectar com outros fotógrafos.

A fotografia monocromática na era digital oferece infinitas possibilidades criativas. Com as ferramentas de edição disponíveis, você pode transformar suas fotos em obras de arte atemporais. Experimente diferentes técnicas e desenvolva seu próprio estilo para criar imagens que te representem.

1.17. Como Criar um Portfólio Impactante

Um portfólio bem construído é fundamental para mostrar seu trabalho como fotógrafo e atrair novos clientes. No caso da fotografia monocromática, a curadoria e a apresentação das imagens são ainda mais importantes, pois a falta de cor exige uma atenção especial à forma, textura e composição.

Selecione suas melhores fotos:

- **Coerência:** Escolha fotos que se encaixem em um tema ou estilo específico. Isso cria uma narrativa visual e demonstra sua expertise em um determinado nicho.

- **Qualidade:** Certifique-se de que as fotos estejam bem expostas, com foco nítido e sem ruídos.

- **Variedade:** Inclua uma variedade de composições, ângulos e temas para mostrar a amplitude do seu trabalho.

Organize seu portfólio:

- **Sequência:** A ordem das fotos é importante. Comece com uma imagem forte que capture a atenção do espectador e construa uma narrativa visual ao longo do portfólio.

- **Temas:** Agrupe as fotos por temas ou projetos para facilitar a navegação e destacar suas habilidades em diferentes áreas.

- **Legendas:** Use legendas concisas e informativas para contextualizar cada imagem e adicionar profundidade ao seu trabalho.

3. **Escolha a plataforma:**

    - **Sites de portfólio:** Plataformas como Squarespace, Wix e Adobe Portfolio oferecem modelos personalizáveis e recursos para criar um site profissional.

    - **Redes sociais:** Utilize plataformas como Instagram e Behance para compartilhar suas fotos e alcançar um público mais amplo.

    - **Portfólio físico:** Um portfólio impresso pode ser uma ótima opção para apresentar seu trabalho em reuniões com clientes.

Crie um design atraente:

- **Layout limpo:** Um layout simples e organizado facilita a visualização das suas fotos. Evite distrações visuais.

- **Cores:** Embora seja um portfólio de fotografia monocromática, você pode utilizar cores complementares para destacar as imagens e criar um contraste visual.

- **Tipografia:** Escolha fontes legíveis e elegantes que complementem o estilo das suas fotos.

Personalize seu portfólio:

- **Sobre você:** Inclua uma página sobre você, contando sua história e sua paixão pela fotografia.

- **Contato:** Facilite o contato com você através de um formulário de contato ou e-mail.

- **Depoimentos:** Se tiver, inclua depoimentos de clientes satisfeitos para aumentar sua credibilidade.

Dicas adicionais:

- **Mantenha seu portfólio atualizado:** Adicione novas fotos regularmente para mostrar sua evolução como fotógrafo.

- **Seja consistente:** Mantenha um estilo visual consistente em todo o portfólio.

- **Peça feedback:** Peça a opinião de outros fotógrafos e amigos sobre seu portfólio.

- **Promova seu portfólio:** Compartilhe seu portfólio em suas redes sociais e participe de concursos e exposições.

Exemplo de estrutura para um portfólio de fotografia monocromática:

- **Página inicial:** Uma imagem de destaque e uma breve apresentação.

- **Sobre:** Sua história e sua paixão pela fotografia.

- **Portfólio:**
    - Retratos
    - Paisagens
    - Arquitetura

- Outros projetos

- **Contato:** Formulário de contato e informações de contato.

Seu portfólio é sua vitrine. Invista tempo e cuidado na sua criação para mostrar o melhor do seu trabalho e conquistar novos clientes.

MODULO 02
A Fotografia na Era Digital

2.1. A Fotografia na Era Digital:

A fotografia, desde sua invenção, sempre foi uma forma poderosa de capturar e compartilhar momentos, emoções e histórias. Com o advento da era digital, essa arte milenar experimentou uma transformação radical, tornando-se mais acessível, democrática e versátil do que nunca.

A história da fotografia digital remonta à década de 1970, quando os primeiros sensores CCD (Charge-Coupled Device) foram desenvolvidos. Esses sensores permitiram a captura de imagens em formato digital, abrindo caminho para uma nova era na fotografia. A evolução tecnológica nos anos seguintes foi exponencial, com câmeras digitais cada vez mais compactas, poderosas e acessíveis, além do surgimento de softwares de edição de imagem cada vez mais sofisticados.

A importância da fotografia digital na atualidade é inegável. Ela está presente em praticamente todos os aspectos de nossas vidas, desde a comunicação pessoal até o marketing e o jornalismo. Algumas das principais razões para essa importância são:

- **Acessibilidade:** Câmeras digitais estão presentes em smartphones, tablets e outros dispositivos eletrônicos, tornando a fotografia acessível a todos.
- **Instantaneidade:** As fotos podem ser capturadas, editadas e compartilhadas instantaneamente nas redes sociais.

- **Versatilidade:** A fotografia digital permite a captura de imagens em diversos formatos e resoluções, adaptando-se a diferentes necessidades.
- **Edição:** Softwares de edição de imagem permitem manipular as fotos de forma criativa, corrigindo imperfeições e criando efeitos visuais.
- **Armazenamento:** As fotos digitais podem ser armazenadas em dispositivos de armazenamento com grande capacidade, permitindo a criação de vastas bibliotecas de imagens.

A fotografia digital revolucionou a forma como vemos e interagimos com o mundo. Ela nos permite documentar nossos momentos mais preciosos, expressar nossa criatividade e compartilhar nossas experiências com outras pessoas. A fotografia digital democratizou a arte da fotografia, colocando ferramentas poderosas nas mãos de todos.

A fotografia digital transformou a forma como capturamos, editamos e compartilhamos imagens. Sua importância na atualidade é indiscutível, impactando diversos aspectos de nossas vidas e moldando a cultura visual contemporânea.

2.2. A Evolução das Câmeras Digitais

A fotografia digital, como a conhecemos hoje, é fruto de décadas de pesquisa e desenvolvimento tecnológico. A jornada das câmeras digitais desde seus primórdios até os modelos sofisticados de hoje é marcada por avanços significativos em diversas áreas, como sensores, processadores de imagem, lentes e recursos.

Os Pioneiros:

- **Década de 1970:** A Kodak, pioneira na fotografia, desenvolveu a primeira câmera digital em 1975. Era um protótipo grande e pesado, com resolução limitada e pouca capacidade de armazenamento.

- **Década de 1980:** A tecnologia avançou, mas as câmeras digitais ainda eram caras e pouco acessíveis ao público em geral.

- **Década de 1990:** A popularização da internet e o surgimento de softwares de edição de imagem impulsionaram a demanda por câmeras digitais. As primeiras câmeras digitais compactas e SLR digitais começaram a surgir no mercado.

Os Grandes Avanços:

- **Sensores:** A evolução dos sensores de imagem, principalmente os CMOS (Complementary Metal-Oxide-Semiconductor), permitiu a captura de imagens com maior resolução, menor ruído e maior sensibilidade à luz.

- **Processadores de imagem:** Processadores mais rápidos e eficientes possibilitaram a captura de imagens em alta velocidade, a redução de ruído e a aplicação de diversos efeitos em tempo real.

- **Lentes:** A qualidade das lentes também evoluiu, com a criação de lentes zoom mais versáteis e lentes grande angulares para capturar paisagens e ambientes fechados.

- **Recursos:** As câmeras digitais modernas oferecem uma infinidade de recursos, como modos de cena automáticos, estabilizadores de imagem, telas LCD, visor eletrônico e conectividade Wi-Fi.

A Era dos Smartphones:

- **Câmeras integradas:** A popularização dos smartphones impulsionou ainda mais a evolução da fotografia digital. Os smartphones modernos possuem câmeras com múltiplas lentes, recursos de inteligência artificial e capacidades de edição de imagem.

- **Fotografia computacional:** A fotografia computacional, que utiliza algoritmos de software para melhorar a qualidade das imagens, tornou-se uma realidade com os smartphones.

O Futuro da Fotografia Digital:

- **Realidade virtual e aumentada:** As câmeras digitais estão cada vez mais integradas à realidade virtual e aumentada, abrindo novas possibilidades criativas.

- **Inteligência artificial:** A inteligência artificial está sendo utilizada para aprimorar a fotografia digital, com recursos como reconhecimento de objetos, otimização de cenas e criação de efeitos especiais.

- **Fotografia de alta velocidade:** As câmeras digitais estão capazes de capturar imagens em velocidades cada vez mais altas, permitindo a fotografia de ação e a captura de momentos fugazes.

A evolução das câmeras digitais foi marcada por uma busca constante por maior qualidade de imagem, maior versatilidade e maior facilidade de uso. A fotografia digital transformou a forma como registramos e compartilhamos nossos momentos, e continua a evoluir a um ritmo acelerado.

2.3. A Evolução das Câmeras Digitais

A fotografia digital, como a conhecemos hoje, é fruto de décadas de pesquisa e desenvolvimento tecnológico. A jornada das câmeras digitais desde seus primórdios até os modelos sofisticados de hoje é marcada por avanços significativos em diversas áreas, como sensores, processadores de imagem, lentes e recursos.

Os Pioneiros:

- **Década de 1970:** A Kodak, pioneira na fotografia, desenvolveu a primeira câmera digital em 1975. Era um protótipo grande e pesado, com resolução limitada e pouca capacidade de armazenamento.

- **Década de 1980:** A tecnologia avançou, mas as câmeras digitais ainda eram caras e pouco acessíveis ao público em geral.

- **Década de 1990:** A popularização da internet e o surgimento de softwares de edição de imagem impulsionaram a demanda por câmeras digitais. As primeiras câmeras digitais compactas e SLR digitais começaram a surgir no mercado.

Os Grandes Avanços:

- **Sensores:** A evolução dos sensores de imagem, principalmente os CMOS (Complementary Metal-Oxide-Semiconductor), permitiu a captura de imagens com maior resolução, menor ruído e maior sensibilidade à luz.

- **Processadores de imagem:** Processadores mais rápidos e eficientes possibilitaram a captura de imagens em alta velocidade, a redução de ruído e a aplicação de diversos efeitos em tempo real.

- **Lentes:** A qualidade das lentes também evoluiu, com a criação de lentes zoom mais versáteis e lentes grande angulares para capturar paisagens e ambientes fechados.

- **Recursos:** As câmeras digitais modernas oferecem uma infinidade de recursos, como modos de cena automáticos, estabilizadores de imagem, telas LCD, visor eletrônico e conectividade Wi-Fi.

A Era dos Smartphones:

- **Câmeras integradas:** A popularização dos smartphones impulsionou ainda mais a evolução da fotografia digital. Os smartphones modernos possuem câmeras com múltiplas lentes, recursos de inteligência artificial e capacidades de edição de imagem.

- **Fotografia computacional:** A fotografia computacional, que utiliza algoritmos de software para melhorar a qualidade das imagens, tornou-se uma realidade com os smartphones.

O Futuro da Fotografia Digital:

- **Realidade virtual e aumentada:** As câmeras digitais estão cada vez mais integradas à realidade virtual e aumentada, abrindo novas possibilidades criativas.

- **Inteligência artificial:** A inteligência artificial está sendo utilizada para aprimorar a fotografia digital, com recursos como reconhecimento de objetos, otimização de cenas e criação de efeitos especiais.

- **Fotografia de alta velocidade:** As câmeras digitais estão capazes de capturar imagens em velocidades cada vez mais altas, permitindo a fotografia de ação e a captura de momentos fugazes.

A evolução das câmeras digitais foi marcada por uma busca constante por maior qualidade de imagem, maior versatilidade e maior facilidade de uso. A fotografia digital transformou a forma como registramos e compartilhamos nossos momentos, e continua a evoluir a um ritmo acelerado.

2.4. Os Principais Softwares de Edição de Imagem

A edição de imagem é uma etapa fundamental no processo criativo de muitos fotógrafos e designers. Com a evolução da tecnologia, uma variedade de softwares de edição de imagem surgiu, cada um com suas próprias características e funcionalidades.

Os softwares de edição de imagem podem ser divididos em duas categorias principais:

- **Softwares profissionais:** Oferecem um conjunto completo de ferramentas para edição de imagens, permitindo um alto grau de controle sobre cada detalhe da imagem. São ideais para fotógrafos e designers que precisam de resultados de alta qualidade.

- **Softwares amadores:** São mais simples de usar e oferecem uma variedade de ferramentas básicas para edição de imagens. São ideais para usuários que desejam realizar edições rápidas e simples.

Principais Softwares Profissionais para tratamento de fotografias digitais:

- **Adobe Photoshop:** Considerado o padrão da indústria, o Photoshop oferece uma infinidade de ferramentas para manipulação de imagens, desde ajustes básicos de cor e contraste até a criação de composições complexas.

- **Adobe Lightroom:** Complementa o Photoshop, sendo focado em organização, edição e gerenciamento de grandes volumes de fotos. É ideal para fotógrafos que precisam editar e organizar suas fotos de forma eficiente.

- **Capture One:** Conhecido por sua qualidade de imagem e interface intuitiva, o Capture One é especialmente popular entre fotógrafos profissionais.

- **Affinity Photo:** Uma alternativa ao Photoshop, o Affinity Photo oferece um conjunto completo de ferramentas de edição de imagem com uma interface mais moderna e intuitiva.

Principais Softwares Amadores:

- **GIMP:** Um software gratuito de código aberto que oferece muitas das funcionalidades do Photoshop, mas com uma interface menos intuitiva. É uma excelente opção para quem busca um software profissional sem custo.

- **Paint.NET:** Outro software gratuito, o Paint.NET é mais fácil de usar que o GIMP e oferece uma boa variedade de ferramentas básicas de edição.

- **Canva:** Um software online que permite criar designs gráficos, incluindo edições de fotos, de forma rápida e fácil. É uma ótima opção para quem precisa criar designs para redes sociais e outros materiais de marketing.

- **Pixlr:** Um editor de fotos online gratuito que oferece uma variedade de ferramentas para edição básica de imagens.

Ao escolher um software de edição de imagem, considere os seguintes fatores:

- **Suas necessidades:** Quais tipos de edições você precisa fazer?

- **Seu orçamento:** Os softwares profissionais geralmente são pagos, enquanto muitos softwares amadores são gratuitos.

- **Sua experiência:** Se você é iniciante, um software mais simples pode ser mais adequado.

- **A interface:** Uma interface intuitiva facilita o aprendizado e o uso do software.

Recursos adicionais:

- **Tutoriais:** Existem muitos tutoriais online e em vídeo que podem te ajudar a aprender a usar qualquer software de edição de imagem.

- **Comunidades:** Participar de fóruns e grupos online pode te ajudar a encontrar respostas para suas dúvidas e aprender novas técnicas.

- **Experimente diferentes softwares:** A melhor maneira de encontrar o software ideal para você é experimentar diferentes opções.

2.5. Dicas para Iniciantes em Edição de Fotos

Começar a editar suas fotos pode ser um processo emocionante e desafiador ao mesmo tempo. Com tantas ferramentas e opções disponíveis, é normal se sentir um pouco perdido no início. Mas não se preocupe! Com algumas dicas simples, você já pode começar a aprimorar suas imagens e dar vida às suas ideias.

1. Escolha o Software Certo:

- **Comece com o básico:** Softwares como o GIMP (gratuito) e o Adobe Photoshop Elements oferecem uma boa interface para iniciantes e ferramentas essenciais para edição.
- **Explore as opções:** Cada software possui suas particularidades, então experimente diferentes opções para encontrar aquele que mais se adapta ao seu estilo e necessidades.

2. Domine os Ferramentas Essenciais:

- **Ajustes básicos:** Aprenda a ajustar brilho, contraste, saturação e temperatura de cor. Essas ferramentas são a base para qualquer edição.
- **Curvas de tons:** As curvas de tons permitem um controle mais preciso sobre a distribuição de tons em sua imagem, criando efeitos mais dramáticos.
- **Nitidez:** Ajuste a nitidez para realçar os detalhes da sua foto, mas cuidado para não exagerar.

- **Recorte:** Use a ferramenta de recorte para melhorar a composição da sua imagem, eliminando elementos distraentes.

3. **Comece com o Básico:**

    - **Organize suas fotos:** Crie pastas organizadas para facilitar a localização das suas imagens.
    - **Faça cópias:** Sempre faça uma cópia da sua imagem original antes de começar a editar para evitar perder os dados originais.
    - **Comece com ajustes simples:** Não tente fazer tudo de uma vez. Comece com ajustes básicos e vá adicionando mais complexidade à medida que você se sentir mais confortável.

4. **Inspire-se:**

    - **Observe outros fotógrafos:** Analise o trabalho de outros fotógrafos e veja como eles editam suas fotos.
    - **Crie um moodboard:** Reúna imagens que te inspiram e use-as como referência para suas próprias edições.
    - **Experimente:** Não tenha medo de experimentar diferentes estilos e técnicas. A edição é um processo criativo!

5. **Pratique Regularmente:**

    - **Edite suas fotos com frequência:** A prática leva à perfeição. Quanto mais você editar, mais familiarizado você se tornará com as ferramentas e técnicas.
    - **Peça feedback:** Compartilhe suas fotos com outros fotógrafos e amigos para receber feedback e aprender com os outros.

Dicas Extras:

- **Comece com presets:** Muitos softwares oferecem presets prontos que podem ser um bom ponto de partida para suas edições.
- **Assista tutoriais:** Existem muitos tutoriais online que podem te ensinar técnicas específicas de edição.
- **Seja paciente:** A edição de fotos leva tempo e prática. Não se desanime se não conseguir os resultados desejados de imediato.

A edição de fotos é uma forma de expressão artística. Não existe uma maneira certa ou errada de editar uma imagem.

2.6. DSLR vs. Mirrorless

A escolha entre uma câmera DSLR e mirrorless pode parecer complexa, mas entender as principais diferenças entre esses dois tipos de câmeras é fundamental para tomar a decisão certa. Ambas oferecem excelente qualidade de imagem, mas possuem características e funcionalidades distintas que podem influenciar sua escolha.

O que são câmeras DSLR e mirrorless?

- **DSLR (Digital Single-Lens Reflex):** As DSLRs possuem um espelho interno que reflete a luz que passa pela lente para o visor óptico. Ao tirar uma foto, o espelho se levanta, permitindo que a luz atinja o sensor de imagem.
- **Mirrorless:** As câmeras mirrorless não possuem espelho. A luz passa diretamente para o sensor de imagem, e a imagem é visualizada em um visor eletrônico (EVF) ou em uma tela LCD.

Principais Diferenças:

Característica	DSLR	Mirrorless
Visor	Ótico	Eletrônico (EVF) ou LCD
Tamanho e peso	Geralmente maiores e mais pesadas	Geralmente menores e mais leves
Visor	Oferece uma visualização mais real da cena	Oferece informações adicionais, como histogramas e configurações da câmera
Autofoco	Tradicionalmente mais rápido, mas as mirrorless têm evoluído rapidamente	Cada vez mais rápido e preciso, com sistemas de foco avançados
Vida útil da bateria	Geralmente maior	Pode variar dependendo do uso do visor eletrônico
Lentes	Ampla variedade de lentes disponíveis	Gama de lentes menor, mas em constante crescimento
Vídeo	Qualidade de vídeo variável, dependendo do modelo	Geralmente oferece recursos de vídeo mais avançados

Qual escolher?

A escolha entre DSLR e mirrorless depende das suas necessidades e preferências pessoais.

Escolha uma DSLR se você:

- Prefere um visor óptico e uma visualização mais real da cena.
- Valoriza uma ampla variedade de lentes e acessórios.
- Busca uma câmera robusta e durável.

Escolha uma mirrorless se você:

- Valoriza um design compacto e leve.
- Precisa de um visor eletrônico com informações adicionais.
- Deseja recursos avançados de vídeo.
- Busca uma câmera com foco automático rápido e preciso.

Considerações adicionais:

- **Orçamento:** Ambas as opções podem ser encontradas em diferentes faixas de preço.
- **Nível de experiência:** Tanto iniciantes quanto fotógrafos avançados podem encontrar câmeras DSLR e mirrorless adequadas às suas necessidades.
- **Tipo de fotografia:** A escolha da câmera também pode depender do tipo de fotografia que você pratica (retrato, paisagens, esportes, etc.).

Tanto as câmeras DSLR quanto as mirrorless oferecem excelente qualidade de imagem. A escolha entre elas depende das suas preferências pessoais e das suas necessidades como fotógrafo. É importante pesquisar e comparar diferentes modelos antes de tomar uma decisão.

2.7. Os Impactos da Fotografia Digital na Sociedade

A fotografia digital revolucionou a forma como interagimos com o mundo, transformando a maneira como registramos, compartilhamos e consumimos imagens. Seus impactos se estendem por diversas áreas da sociedade, desde a comunicação pessoal até o jornalismo e o marketing.

Principais Impactos:

- **Democratização da fotografia:** Com a popularização dos smartphones e câmeras digitais compactas, a fotografia deixou de ser uma atividade restrita a profissionais e entusiastas. Hoje, qualquer pessoa pode capturar e compartilhar imagens de alta qualidade.

- **Instantaneidade e compartilhamento:** As redes sociais transformaram a forma como consumimos imagens. Fotos são compartilhadas instantaneamente em todo o mundo, criando comunidades online e facilitando a conexão entre pessoas.

- **Jornalismo visual:** A fotografia digital revolucionou o jornalismo, permitindo a cobertura de eventos em tempo real e a divulgação de imagens impactantes que denunciam injustiças sociais e conflitos.

- **Marketing e publicidade:** As empresas utilizam a fotografia digital para criar campanhas mais eficazes e atraentes, utilizando imagens de alta qualidade para promover seus produtos e serviços.

- **Preservação da memória:** A fotografia digital facilita a preservação de memórias, permitindo a criação de álbuns de fotos digitais e o compartilhamento de momentos especiais com familiares e amigos.

- **Arte e cultura:** A fotografia digital abriu novas possibilidades para a expressão artística, com a criação de obras de arte digitais e a experimentação de novas técnicas.

- **Ciência e pesquisa:** A fotografia digital é utilizada em diversas áreas da ciência, como a medicina, a biologia e a astronomia, para documentar pesquisas e analisar dados.

Desafios e Considerações:

- **Sobrecarga de informações:** A grande quantidade de imagens produzidas e compartilhadas diariamente pode levar à sobrecarga de informações e à dificuldade em distinguir o que é real do que é falso.

- **Privacidade:** O compartilhamento indiscriminado de imagens pode violar a privacidade de indivíduos e grupos.

- **Autoria e direitos autorais:** A facilidade de copiar e manipular imagens digitais levanta questões sobre a autoria e os direitos autorais.

A fotografia digital transformou profundamente a sociedade, democratizando o acesso à imagem, facilitando a comunicação e a criação de conteúdo visual. No entanto, é importante utilizar essa ferramenta de forma responsável, respeitando os direitos autorais e a privacidade dos outros.

2.8. Tendências da Fotografia Digital para o Futuro

A fotografia digital está em constante evolução, impulsionada por avanços tecnológicos e mudanças nas preferências do público. Algumas das principais tendências que moldarão o futuro da fotografia incluem:

1. Inteligência Artificial e Fotografia Computacional:

- **Edição automática:** Algoritmos de IA serão capazes de realizar edições complexas de forma autônoma, como correção de cores, remoção de objetos e criação de efeitos especiais.

- **Criação de imagens:** A IA permitirá a geração de imagens realistas a partir de descrições textuais, abrindo novas possibilidades para a criação artística e o design.

- **Realidade aumentada:** A combinação de fotografia e realidade aumentada proporcionará experiências visuais imersivas, com a sobreposição de elementos digitais em imagens reais.

2. Fotografia Móvel:

- **Câmeras cada vez mais poderosas:** Smartphones continuarão a oferecer câmeras com sensores de alta resolução, lentes versáteis e recursos avançados de software.

- **Fotografia computacional:** A fotografia computacional será fundamental para aprimorar a qualidade das imagens capturadas com smartphones, com recursos como HDR, modo noturno e zoom digital.

- **Edição no celular:** Aplicativos de edição de fotos para smartphones se tornarão cada vez mais sofisticados, permitindo que os usuários editem suas imagens diretamente no celular.

3. **Fotografia de Drone:**

    - **Qualidade de imagem superior:** Os drones serão equipados com câmeras de alta resolução e estabilizadores de imagem, permitindo a captura de fotos e vídeos aéreos de alta qualidade.
    - **Aplicações diversas:** A fotografia de drone será utilizada em diversos setores, como imobiliário, agricultura, inspeção de infraestrutura e produção de filmes.

4. **Sustentabilidade na Fotografia:**

    - **Equipamentos eco-friendly:** A indústria fotográfica buscará desenvolver equipamentos mais sustentáveis, com materiais reciclados e menor consumo de energia.
    - **Conscientização ambiental:** Os fotógrafos serão cada vez mais incentivados a adotar práticas sustentáveis em suas atividades, como a redução do desperdício de papel e o uso de energia renovável.

5. **Fotografia de Alta Dinâmica (HDR):**

    - **Captura de detalhes em diferentes níveis de luz:** A fotografia HDR permitirá capturar imagens com uma gama dinâmica maior, revelando detalhes em áreas muito claras e muito escuras da cena.
    - **Aplicações em diversos tipos de fotografia:** A fotografia HDR será utilizada em diversos gêneros

fotográficos, como paisagens, arquitetura e fotografia de interiores.

6. **Fotografia Espacial:**

- **Câmeras em satélites e sondas espaciais:** A fotografia espacial continuará a nos proporcionar imagens incríveis do universo, com cada vez mais detalhes e resolução.

- **Aplicações científicas e artísticas:** As imagens capturadas no espaço serão utilizadas para pesquisas científicas e também para a criação de obras de arte.

O futuro da fotografia digital é promissor, com avanços tecnológicos que permitirão a criação de imagens cada vez mais realistas e inovadoras. A inteligência artificial, a fotografia móvel e a sustentabilidade serão algumas das principais tendências que moldarão a forma como fotografamos e consumimos imagens.

2.9. Os Principais Fabricantes de Câmeras Digitais

O mercado de câmeras digitais é dominado por algumas grandes marcas que, ao longo dos anos, se destacaram pela inovação, qualidade e variedade de seus produtos. A escolha da câmera ideal depende muito das suas necessidades e preferências, mas conhecer os principais fabricantes é fundamental para tomar uma decisão informada.

As gigantes do mercado:

- **Canon:** Uma das marcas mais populares e com uma longa história na fotografia. A Canon oferece uma ampla gama de câmeras, desde modelos compactos até câmeras profissionais de alta performance.

- **Nikon:** Rival histórico da Canon, a Nikon também possui uma vasta linha de produtos, com destaque para suas DSLRs e mirrorless de alta qualidade.
- **Sony:** Conhecida por sua tecnologia avançada, a Sony tem ganhado cada vez mais espaço no mercado de câmeras, especialmente com suas mirrorless de corpo compacto e sensores de alta resolução.
- **Fujifilm:** A Fujifilm é famosa por suas câmeras com design retrô e cores vibrantes, além de simular filmes clássicos.

Outras marcas relevantes:

- **Panasonic:** Oferece câmeras com um bom custo-benefício e recursos avançados de vídeo.
- **Olympus:** Especializada em câmeras compactas e micro quatro terços, a Olympus é conhecida por sua qualidade de imagem e design ergonômico.
- **Leica:** Sinônimo de luxo e qualidade, a Leica produz câmeras de alta performance e lentes de excepcional qualidade óptica.

O que levar em consideração ao escolher uma câmera:

- **Tipo de câmera:** DSLR, mirrorless, compacta, profissional ou semiprofissional.
- **Sensor:** O tamanho do sensor influencia diretamente a qualidade da imagem e a faixa de ISO.
- **Lentes:** A compatibilidade com diferentes lentes é um fator importante a ser considerado.
- **Recursos:** Autofoco, estabilização de imagem, modo vídeo, conectividade etc.

- **Orçamento:** Os preços das câmeras variam bastante, desde modelos mais acessíveis até câmeras profissionais de alta performance.

A escolha da câmera ideal depende das suas necessidades e preferências. Ao pesquisar os diferentes fabricantes e modelos, leve em consideração os fatores mencionados acima e compare as especificações técnicas de cada câmera.

2.10. Câmeras Profissionais vs. Câmeras de Celular

A escolha entre uma câmera profissional e a câmera do seu celular pode parecer simples à primeira vista, mas envolve uma série de considerações que vão além do preço. Ambas as opções têm seus próprios méritos e se adequam a diferentes necessidades e estilos de fotografia.

Câmeras Profissionais: Qualidade e Versatilidade

Vantagens:

- **Qualidade de imagem superior:** Sensores maiores, lentes intercambiáveis e maior controle manual permitem capturar imagens com mais detalhes, menor ruído e maior faixa dinâmica.

- **Versatilidade:** Uma ampla variedade de lentes e acessórios permite adaptar a câmera a diferentes situações de fotografia, como retratos, paisagens, esportes e macro.

- **Vida útil:** Câmeras profissionais são construídas para durar e resistir a condições adversas.

- **Controle criativo:** Permite um controle preciso sobre todos os aspectos da captura da imagem, como abertura, velocidade do obturador e ISO.

Desvantagens:

- **Custo:** Câmeras profissionais e seus acessórios podem ser bastante caros.
- **Tamanho e peso:** São geralmente maiores e mais pesadas que os smartphones.
- **Curva de aprendizado:** Requerem um tempo maior para dominar todas as suas funcionalidades.

Câmeras de Celular: Praticidade e Conectividade

Vantagens:

- **Praticidade:** Sempre à mão, pronta para capturar o momento.
- **Facilidade de uso:** Interface intuitiva e recursos automáticos facilitam a captura de fotos.
- **Compartilhamento instantâneo:** Permite compartilhar fotos e vídeos nas redes sociais de forma rápida e fácil.
- **Recursos avançados:** Muitos smartphones possuem recursos como modo noturno, HDR, zoom óptico e até mesmo câmeras com múltiplas lentes.

Desvantagens:

- **Limitações em situações de baixa luz:** Sensores menores podem gerar mais ruído em condições de pouca luz.
- **Menor versatilidade:** As opções de lentes e acessórios são limitadas.

- **Qualidade de imagem inferior:** Em comparação com câmeras profissionais, a qualidade da imagem pode ser comprometida em algumas situações.

Qual escolher?

A escolha ideal depende das suas necessidades e expectativas.

Escolha uma câmera profissional se:

- Você busca a máxima qualidade de imagem e controle criativo.
- Pretende imprimir suas fotos em grandes formatos ou utilizá-las para fins profissionais.
- Deseja explorar diferentes estilos de fotografia e experimentar com diferentes lentes e acessórios.

Escolha a câmera do seu celular se:

- Você busca praticidade e facilidade de uso.
- Deseja compartilhar suas fotos rapidamente nas redes sociais.
- Não precisa de uma qualidade de imagem extremamente alta para suas necessidades.

O custo-benefício

- **Câmeras profissionais:** O investimento inicial é alto, mas a longo prazo pode ser compensado pela qualidade das imagens e pela durabilidade do equipamento.
- **Câmeras de celular:** O custo é mais acessível, mas a qualidade das imagens pode ser limitada em algumas situações.

Ambas as opções têm seus próprios méritos e podem coexistir. Se você é um entusiasta da fotografia e busca a máxima qualidade de imagem, uma câmera profissional é a melhor opção. Se você precisa de uma câmera prática para o dia a dia, a câmera do seu celular pode ser suficiente.

2.11. Melhores Câmeras para Iniciantes

A escolha da primeira câmera pode ser desafiadora, especialmente com a variedade de opções disponíveis no mercado. Para te ajudar nessa jornada, vamos explorar as melhores opções, tanto para quem busca uma câmera profissional quanto para quem prefere a praticidade de um smartphone.

Câmeras Profissionais para Iniciantes:

Ao optar por uma câmera profissional, você investe em qualidade de imagem e versatilidade, abrindo portas para explorar diferentes estilos de fotografia.

Características a considerar:

- **Facilidade de uso:** Opte por modelos com interface intuitiva e modos automáticos para facilitar o aprendizado.
- **Lentes intercambiáveis:** Permite adaptar a câmera a diferentes situações e tipos de fotografia.
- **Boa relação custo-benefício:** Modelos de entrada oferecem um bom equilíbrio entre preço e desempenho.

Sugestões de modelos:

- **Canon EOS Rebel T7:** Uma DSLR clássica e acessível, perfeita para quem está começando.

- **Nikon D3500:** Outra excelente opção para iniciantes, com um sensor de alta qualidade e recursos fáceis de usar.
- **Sony a6000:** Uma mirrorless compacta e versátil, com um sistema de autofoco rápido e preciso.
- **Fujifilm X-T30:** Uma câmera mirrorless com design retro e qualidade de imagem excepcional, ideal para quem busca um visual mais artístico.

Câmeras de Celular: Praticidade e Qualidade

Os smartphones modernos oferecem câmeras cada vez mais poderosas, com recursos avançados que rivalizam com câmeras compactas.

Vantagens:

- **Sempre à mão:** Captura momentos espontâneos com facilidade.
- **Facilidade de uso:** Interface intuitiva e recursos automáticos.
- **Edição e compartilhamento:** Aplicativos de edição e redes sociais facilitam o processo criativo.

Modelos a considerar:

- **iPhone 15 Pro:** Câmera principal de 48MP, modo Cinema, ProRes e estabilização de imagem avançada.
- **Samsung Galaxy S25 Ultra:** Câmera principal de 200MP, zoom óptico de 10x e recursos de fotografia profissional.

- **Google Pixel 7 Pro:** Câmera com sensor de 50MP, modo noturno avançado e processamento de imagem de alta qualidade.

Qual escolher?

A escolha ideal depende das suas necessidades e preferências. Se você busca a máxima qualidade de imagem e versatilidade, uma câmera profissional é a melhor opção. Se a praticidade e a portabilidade são mais importantes, um smartphone com boa câmera pode ser suficiente.

Considerações finais:

- **Orçamento:** Defina um valor máximo que você está disposto a investir.
- **Estilo de fotografia:** Pense nos tipos de fotos que você quer tirar (paisagens, retratos, etc.).
- **Recursos:** Verifique quais recursos são importantes para você (modo manual, estabilizador de imagem, etc.).
- **Experiência:** Se você é iniciante, opte por modelos com interface intuitiva e modos automáticos.

Lembre-se: A melhor câmera é aquela que você usa com mais frequência. Experimente diferentes modelos e descubra qual se adapta melhor ao seu estilo de fotografia.

MODULO 03
A Evolução da Fotografia Digital

3.1 Introdução

As fotografias digitais abrangem um amplo espectro de expressões criativas que utilizam tecnologias digitais para a sua concepção, produção e apresentação. Em essência, estas ações criativas nascem da convergência de práticas artísticas tradicionais e das capacidades proporcionadas pelas ferramentas e meios digitais. Desenho e pintura digital, são as principais delas: Os artistas usam tablets gráficos, canetas ou outros dispositivos de entrada digital para criar obras de arte visuais usando software especializado. Esta forma muitas vezes imita técnicas tradicionais de desenho e pintura, mas é executada digitalmente.

Antes de seguirmos, faremos um breve reviu sobre a criação de imagens a longo do desenvolvimento humano.

3.2 Criação de imagens

As imagens podem ser criadas de várias maneiras. As mais comuns são por:

- Imagem mental;
- Desenho a lápis;
- Pintura;
- Fotografia.

Penso que esses são os meios mais comuns de se obter uma imagem.

Imagem mental (descrição linguística):

A imagem mental criada na mente de uma pessoa, com base

em uma descrição linguística é um aspecto fascinante da cognição humana. Quando alguém recebe uma representação verbal ou escrita detalhada de uma cena, objeto ou evento, sua mente se envolve em um processo conhecido como imagens mentais, no qual gera uma representação mental do conteúdo descrito. Vários aspectos importantes caracterizam a criação de imagens mentais:

Ativação sensorial: A linguagem descritiva geralmente estimula vários sentidos, incluindo visão, audição, tato, paladar e olfato. Como resultado, a mente pode evocar uma experiência multissensorial, permitindo à pessoa "ver", "ouvir" ou mesmo "sentir" mentalmente os elementos descritos.

Esse imagem criada na mente será tão boa quanto a capacidade de quem descreveu e detalhou com precisão uma cena. "Imagine" se você conseguisse produzir essa imagem mental em um meio físico. Atualmente, isso é algo que está se tornando uma realidade nos ambientes de inteligência artificial (AI), tais como o Discord, Leonardo AI etc, onde a partir de uma descrição detalhada de uma cena, o computador reproduz a imagem.

Desenho a lápis:

Esse é talvez o modo mais antigo de se produzir uma imagem real. Além dos desenhos representarem eventos do passado, a partir deles, se criou a escrita. No começo, a escrita veio em forma de desenhos conjugados e depois evoluiu para um formato de códigos. Esse foi talvez o primeiro grande marco no desenvolvimento humano, trouxe mudanças significativas e importantes para o desenvolvimento humano.

Pintura:

A pintura foi um "Up Grid" ao desenho a lápis. Colocar cores no desenho deu vida a eles, e tornou desenhos em "arte", expressão máxima do sentimento humano. Grandes obras de arte estão espalhadas em todos os lugares do mundo, assinadas por seus respectivos pintores. Uma única "obra de arte" pode custar centenas de milhares de dólares ou mesmo chegando à casa dos milhões.

Fotografia:

A arte de capturar um momento a partir de uma câmera fotográfica. Está no lugar certo no momento certo, com uma câmera nas mãos, pode lhe reder aquela foto única, que o levará a um posterior momento de glória e pode reder dezenas de milhares de dólares para seu autor. A fotografia evoluiu muito nos últimos 50 anos a ponto de mudar radicalmente os paradigmas da fotográfica como era conhecida no século passado. Atualmente nada passa despercebido a lente de uma câmara. A fotografia pode ser analógica ou digital, essa última representa mais de noventa por cento das câmeras fotográficas atualmente.

3.3 Tipos de imagens fotográficas

Para o nosso propósito, podemos dividir as imagens em dois tipos: analógica e digital.

Fotografia analógica:

A fotografia analógica tradicional envolve a captura e criação de imagens usando processos químicos em filmes sensíveis à luz. Na fotografia analógica, uma câmera expõe o filme à luz e a imagem é então revelada em uma câmera escura usando vários produtos químicos. Este processo tem um encanto único, pois permite uma abordagem prática e artística da fotografia.

A fotografia analógica geralmente inclui o uso de diferentes tipos de filme, cada um contribuindo com características distintas para a imagem final. O filme preto e branco, por exemplo, proporciona uma sensação clássica e atemporal, enquanto o filme colorido pode evocar uma estética mais vibrante e variada.

Muitos fotógrafos apreciam a natureza tangível e imprevisível da fotografia analógica, pois fatores como configurações de exposição, tipo de filme e técnicas de revelação podem influenciar o resultado. Além disso, o processo de câmara escura permite ajustes manuais, como esquiva e queima, que contribuem para a expressão artística da fotografia.

Embora a fotografia digital tenha se tornado dominante, a fotografia analógica continua a ter seguidores devotos, com entusiastas valorizando o trabalho artesanal e as qualidades únicas que ela traz à arte de criar imagens. A escolha entre analógico e digital depende muitas vezes das preferências do fotógrafo, dos objetivos artísticos e das características específicas que procura nas suas fotografias.

Fotografia digital:

A fotografia digital envolve a captura e criação de imagens usando sensores eletrônicos para registrar a luz. Ao contrário da fotografia analógica, não existe filme físico; em vez disso, as câmeras digitais usam sensores para converter a luz em sinais eletrônicos, que são então processados e armazenados digitalmente. Aqui estão alguns aspectos-chave da fotografia digital:

1. Resultados Imediatos: Uma das vantagens significativas da fotografia digital é a capacidade de ver os resultados imediatamente após capturar uma imagem. Os fotógrafos podem revisar e ajustar as configurações no local, permitindo um rápido refinamento da composição, exposição e outros fatores.

2. Divulgação imediata: A era digital trouxe possibilidades de compartilhamento em tempo real. Os fotógrafos podem compartilhar seu trabalho instantaneamente por meio de plataformas de mídia social, e-mail ou outros canais online. Isso facilita feedback rápido e envolvimento com um público.

3. Edição e melhoramentos: As imagens digitais podem ser editadas remotamente usando ferramentas de edição baseadas em nuvem. Isto permite que os fotógrafos trabalhem nas suas imagens a partir de diferentes dispositivos, promovendo a colaboração e permitindo que fotógrafos profissionais forneçam serviços a clientes em todo o mundo.

4. Integração com Realidade Aumentada (AR): À medida que a tecnologia avança, algumas câmeras digitais e aplicativos exploram recursos de realidade aumentada. Isso pode incluir a sobreposição de informações ou gráficos adicionais na tela do visor em tempo real, proporcionando uma nova dimensão à experiência fotográfica.

5. Comunidades e Colaboração Fotográfica: As plataformas online e as mídias sociais deram origem a comunidades fotográficas vibrantes onde entusiastas, amadores e profissionais podem compartilhar seu trabalho, trocar ideias e colaborar. Este espírito colaborativo estimula a criatividade e proporciona um ambiente de apoio para os fotógrafos aprenderem e crescerem inclusive profissionalmente.

3.4 Criação da imagem digital

Para se criar uma imagem digital, usamos números binários codificados que podem posteriormente ser armazenados, reproduzidos em uma tela de computador, usados para ser impresso e armazenados por meios eletrônicos. Existem vários tipos de imagens digitais, mas podemos dividi-las em dois tipos: imagem vetorial e imagem de rasteio (raster, bitmap ou matricial).

- A imagem bitmap, representa uma correspondência entre os pontos da imagem e os pontos de uma tela de um monitor.
- A imagem vetorial, é uma imagem produzida por uma equação matemática e é destinada a ser reproduzida em equipamentos de impressão digital.

Podemos entender que as imagens vetoriais são mais indicadas para desenhos técnicos de engenharia e as imagens bitmap são mais indicadas para fotografias. Assim uma câmera digital, normalmente irá produzir uma imagem do tipo bitmap, tais como: JPG, PGN, JPEG, TIFF etc.

Sabe-se que a primeira imagem digital foi criada por Russell Kirsch, no NBS, atual National Instituteof Standards and Technology (NIST).

Imagem de rastreio ou bitmaps:

As imagens bitmaps ou raster, são representadas em duas dimensões com um número finito de pontos definidos por valores numéricos, chamados de pixel, que formam uma matriz matemática onde cada ponto representa um pixel.

Os pixels podem ser compostos por uma palheta de cores que pode chegar a 64 milhões de cores (ou mais) conhecida como RGB; Red, Green e Blue que será transformada em valores numéricos e conseguem reproduzir qualquer cor dentro do seu espectro de 64 milhões de cores. Veja abaixo os valores numéricos para as cores básicas:

- Branco – RGB (255,255,255)
- Azul – RGB (0,0,255)
- Vermelho – RGB (255,0,0)
- Verde – RGB (0,255,0)
- Amarelo – RGB (255,255,0)
- Magenta – RGB (255,0,255)
- Ciano – RGB (0,255,255)
- Preto – RGB (0,0,0)

Esses três valores numéricos resultam em um ponto colorido, um pixel, que fará parte da imagem que está sendo capturada ou reproduzida. Assim, o pixel é o menor ponto usado para formar uma imagem digital logo, um conjunto de pixel com várias cores, forma a imagem completa.

Definição e resolução de imagens de rastreio:

Para representar uma imagem no formato digital, quanto maior for o número de pixel, melhor será a resolução dessa imagem. A quantidade de pixel no sentido horizontal e no sentido vertical, vai definir a qualidade, mas também o tamanho da imagem.

É muito comum atualmente dizermos que temos um celular cuja câmera captura uma imagem com 10M pixel. Isso representa 10 milhões de pixel. Isso não garante que a imagem capturada seja de alta qualidade. O que vai definir a qualidade da imagem é a quantidade de pixel por polegada (PPI) da imagem apresentada em uma tela de LCD ou quando é enviada para impressão em papel.

A palavra "pixel" é a junção de outras duas palavras em inglês: picture (imagem) e element (elemento). Assim, na tradução literal para o português, pixel quer dizer "elemento da imagem". Em analogia, se uma TV de 29 polegadas está exibindo uma imagem e uma TV de 54 polegadas está exibindo exatamente a mesma imagem, a TV 29 polegadas mostrará uma imagem com melhor qualidade devido ao tamanho da tela ser menor, logo terá mais pixel concentrado por polegada de tela. Assim quanto for maior do for a quantidade de pixel da imagem, melhor será a qualidade da imagem apresentada. Na prática uma imagem de 300 PPI poderia ser impressa em papel no tamanho de 10cm x 15cm com alta qualidade. Trataremos desse assunto com maiores detalhes mais a frente.

Imagem Vetorial:

A imagem vetorial é criada de forma diferente da imagem raster. Normalmente são imagens de desenhos de linhas retas, curvas, polígonos etc. Isso quer dizer que essas imagens são geradas a partir de cálculos matemáticos sendo dependentes da interpretação pelo dispositivo processador. Esse tipo de imagem, precisa de poucas informações para serem apresentadas, tais como: o seu formato, cor, espessura, ponto de início e ponto final. Essas imagens ao ser impressa, necessita passar por uma conversão de vetorial para rastreio. O tamanho dos arquivos vetoriais é bem menor comparados aos arquivos de raster (bitmap). Para uso em engenharia, as imagens utilizadas para criar desenhos e código de máquina, são normalmente vetoriais. A extensão de arquivo DXF é a mais utilizada para essa finalidade. Na imagem vetorial, o processo de apresentação da imagem se dá por uma função matemática e não por mapa de bits.

3.5 Estruturas das imagens

Os formatos de imagens digitais em sua maioria, contêm junto com as informações da imagem outros tipos de informações, tais como: data e hora da tomada da foto, coordenadas ou nome do local onde a foto foi tirada, informações sobre os parâmetros que foi usado para tirar a foto, miniatura da imagem para efeito de visualização e a numeração da foto dentro do dispositivo. Esses dados são encontrados na maioria das fotos e chamados de "metadados". Os metadados podem ser lidos em programas próprio. Atualmente alguns visualizadores de fotos já traz opções de leitura dos metadados.

A maioria dos formatos de imagens digitais são precedidos por um cabeçalho que contém atributos (dimensões da imagem, tipos de codificação etc.), seguido dos dados da imagem em si. É importante quando usamos uma foto de terceiro, verificar os metadados da foto e se é uma foto de domínio público para não ferir o direito autoral de alguém que não deseja ter sua foto publicada por terceiros. O site de busca do Google tem um serviço gratuito para verificação de direitos autorais.

Como as imagens "raster ou bitmap" são formadas:

Para demonstrar um exemplo prático da resolução de imagens raster, veja o exemplo abaixo. As imagens são produzidas por aproximação de pontos chamados de mapa de bits e tem sua definição dada por sua resolução em número de pixel como visto abaixo. O modelo "Dragon", mostra a visão 2D do modelo dividida em uma série de quadrados, que representa os pixels. O número desses quadrados que representa a imagem está diretamente relacionado com a sua resolução, quanto maior o número de quadrados para compor a imagem, melhor será sua resolução.

Quando uma imagem é capturada por uma câmera digital, a qualidade da imagem está relacionada diretamente com a qualidade do sensor de captura de imagem da câmera. Assim, algumas características são importantes ao se adquirir uma câmera digital.

Em primeiro lugar observamos a sua resolução. A câmera deve ter no mínimo 2 Mega Pixel de resolução para se ter uma qualidade fotográfica boa em uma tela de computador. Significa que essa câmara deverá apresentar 2 milhões de pixel por polegada quadrada. Neste momento as câmeras comerciais apresentam qualidade que variam de 5 a 200 Mpx.

Segundo lugar e menos importante do que o primeiro, trata-se da qualidade do sensor de captura de imagem. Esse é um item difícil de se avaliar, pois é algo muito técnico e depende do fabricante do produto.

Vamos pensar em um produto top de linha como o smartfone da Apple, o Iphone 14 PRO, tido como a melhor câmera fotográfica de celular em 2023. Tinha apenas 12 Mp em suas câmaras dianteira e traseira. Já o Xiaome 12 Lite do mesmo ano, possuía câmara traseira de 108 Mpx e dianteira de 64Mpx. Entre as duas opções, qual é a melhor câmara? Ter a capacidade de mega pixel é interessante, mas é preciso ter "fidelidade" com a imagem capturada. O Iphone 14 PRO faz isso melhor do que ninguém.

Então como faço para escolher a melhor câmara? O preço de venda é um bom indicativo da qualidade do sensor de captação de imagem e sua fidelidade em converter uma imagem em foto digital com o máximo de detalhes.

3.6 Formatos mais comuns de imagens "raster"

- **JPEG - Joint Photographic Experts Group** – é o formato mais conhecido em todo o mundo e o mais utilizado. Tem alta taxa de compactação e é excelente para ser usados em sites Web. Possui até 16 milhões de cores e vem como padrão para a maioria das câmeras fotográficas e celulares.

    É relevante observar que JPEG e JPG são essencialmente os mesmos formatos de arquivo, apenas com diferentes acrônimos e extensões. Joint Photographic Experts Group (JPEG) é uma imagem raster com compactação com perdas. A característica de compactação com perdas no JPEG implica na eliminação de alguns dados para reduzir o tamanho do arquivo, processo que pode comprometer a qualidade da imagem. Seus tamanhos de arquivo relativamente pequenos possibilitam economia de espaço em disco ou cartão de memória.

    Frequentemente utilizado para salvar imagens em câmeras digitais e para fins de impressão, o JPEG é apropriado quando não há necessidade de extensivas edições. Este formato é considerado simples, salvando todas as alterações em uma camada e não permitindo a reversão das modificações. Além disso, não suporta transparência, ao contrário de formatos como PNG e GIF.

    O JPEG é uma escolha excelente para utilização na web, permitindo que os visitantes do seu site carreguem imagens rapidamente, com uma perda de qualidade pouco perceptível. Também é adequado para compartilhamento de imagens, devido ao seu tamanho de arquivo razoavelmente pequeno resultante da qualidade com perdas.

Sendo um dos formatos de arquivo de imagem mais difundidos, o JPEG é amplamente suportado por todos os principais navegadores, como Google Chrome, Safari e Mozilla Firefox, desde suas versões mais antigas.

Contudo, não é a opção mais indicada para imagens contendo texto, como capturas de tela de tutoriais e infográficos, devido à compactação com perdas que pode dificultar a leitura das palavras escritas.

- **TIFF - TaggedImage File Format** – É o formato mais usado em impressões profissionais. São padrões para máquinas fotográficas profissionais juntamente com o formato RAW. Pode ser lido pela maioria dos programas de edição de imagem. A excelente qualidade das imagens faz dele uma das opções favoritas dos fotógrafos. No entanto, a resolução mais alta exige arquivos muito maiores, o que pode dificultar o uso e o armazenamento. O TIFF é uma imagem rasterizada que oferece suporte à compactação com perdas, embora comumente as pessoas o utilizem como um formato de imagem sem perdas.

Tanto TIFF quanto TIF referem-se aos mesmos formatos, divergindo apenas nas siglas e extensões dos arquivos de imagem. Arquivos TIFF são frequentemente empregados para propósitos de impressão devido à sua qualidade de imagem superior. Muitos scanners também adotam o formato TIFF para preservar a qualidade de imagens ou documentos digitalizados. Ao salvar seus arquivos no formato TIFF, é possível manter suas camadas, possibilitando edições futuras. Contudo, essa característica resulta em arquivos TIFF de maior tamanho.

Apesar de sua qualidade elevada, o TIFF não é automaticamente suportado pelos principais navegadores. Para visualizar um arquivo TIFF no navegador, é necessário instalar complementos ou extensões. Ao lidar com arquivos TIFF em um ambiente local, recomenda-se o uso de ferramentas profissionais de edição ou publicação gráfica, como o Adobe Photoshop. Para usuários do Windows, é possível abrir um arquivo TIFF utilizando o Visualizador de Fotos do Windows.

- **GIF – Graphics Interchange Format** – formato padrão para uso em imagens animadas de até 256 cores. Bastante usado na Internet. é um formato rasterizado que utiliza compactação sem perdas. Contudo, os arquivos GIF são limitados a 8 bits, o que implica que conseguem exibir apenas 256 cores. Isso resulta em uma qualidade menos nítida se comparada a outros formatos rasterizados. Por exemplo, o JPEG pode atingir até 24 bits por pixel, proporcionando 16.777.216 variações de cores.

A restrição de 8 bits mantém o tamanho do arquivo reduzido, fazendo do GIF uma escolha ideal para criar conteúdo de animação curto e atrativo. Apesar de sua limitação na qualidade de imagem, o GIF é amplamente utilizado, pois oferece uma maneira de apresentar conteúdo visual mais dinâmico do que uma imagem estática. O GIF é suportado por todos os principais navegadores e sistemas operacionais, assim como pelos visualizadores de imagem padrão.

- **BMP - Windows Bitmap** – Os arquivos BMP, que mapeiam pixels individuais em uma imagem, resultam em uma escassa ou nula compactação. Os arquivos BMP são volumosos, tornando-se impraticáveis para armazenamento ou processamento, e sua qualidade não se destaca significativamente em relação a formatos de imagem rasterizada, como PNG ou WebP.

Isso coloca os arquivos BMP em desvantagem quando se trata de utilização na web. Todos os principais navegadores e sistemas de desempenho oferecem suporte ao formato BMP, assim como a maioria dos visualizadores e editores de imagem padrão, incluindo o MS Paint. Embora o BMP já tenha sido um dos formatos de arquivo de imagem mais difundidos, sua reputação hoje é considerada obsoleta devido à falta de otimização.

- **PNG - Portable Network Graphics** – uma configuração amplamente aclamada na contemporaneidade, ganhou expressiva aceitação. Ele viabiliza a apresentação de imagens isentas de plano de fundo, conferindo vantagens a diversos projetos, surgindo como um substituto ao obsoleto formato GIF. Demonstrando elevada taxa de compressão, o PNG não se limita em sua paleta de cores.

Sua qualidade não sofre deterioração durante o processo de compressão, diferentemente do JPG. A tipografia no PNG ostenta clareza superior à do JPEG, tornando-o a escolha preeminente para gráficos com ênfase textual, como capturas de tela, infográficos ou banners.

O arquivo PNG, otimizado para ambientes digitais, emerge como a preferência predominante. Além disso, sua capacidade de suportar uma paleta mais extensa de cores em comparação com o formato GIF é notável: enquanto o PNG maneja até 16 milhões de cores, o GIF se restringe a meras 256. Tal característica possibilita a criação de imagens mais vibrantes, e os arquivos PNG ainda mantêm a transparência, conferindo-lhes uma aplicabilidade exímia em logotipos.

Ao optar pelo PNG em fotos de alta resolução, é válido mencionar que este gerará um arquivo de maior tamanho se comparado ao JPEG. Contudo, essa peculiaridade consolida-o como uma escolha ímpar para exibir imagens de alta qualidade, como trabalhos de design e fotografias destinadas a portfólios virtuais.

- **PCD - Kodak Photo CD** – formato exclusivo da KODAK. Não alcançou a popularidade para se firmar no mercado. O formato ainda pode ser encontrado eventualmente e é lido pela maioria dos programas de edição de imagem.

- **RAW** – é um formato de arquivo de imagem amplamente utilizado por câmeras digitais para armazenar imagens de qualidade máxima. Não é um formato padronizado e cada fabricante de máquina fotográfica cria seu próprio padrão.

Sua visualização requer editores de imagem fornecido pelo fabricante da máquina fotográfica. Comumente empregado em pós-produção e retoque fotográfico, os arquivos RAW oferecem um canal de cores de 14 bits, em comparação com os 8 bits padronizados no formato JPEG. Essa característica confere maior flexibilidade para ajustes de cores e contraste durante a pós-produção, devido à presença de mais dados de tons e cores.

Contudo, a qualidade superior dessas imagens resulta em arquivos RAW de tamanho significativo. Um único arquivo RAW pode atingir centenas de megabytes.

Devido à sua natureza voltada para pós-produção, os

arquivos de imagem RAW não são apropriados para compartilhamento online ou utilização em websites.

Para visualizar imagens RAW em sistemas operacionais, é necessário recorrer a softwares de edição de fotos profissionais, como o Adobe Lightroom.

No caso de usuários do MacOS, é possível editar imagens RAW utilizando o Fotos do iCloud e o aplicativo Fotos da Apple.

3.7 Editores de imagens digitais

A maioria dos arquivos de imagens digitais podem ser visualizado diretamente nos navegadores de internet ou no aplicativo fotos do Windows. Alguns formatos próprios de fabricante de máquinas fotográficas podem exigir editores de imagem próprio do criador do formato. Alguns arquivos vetoriais também podem ser vistos e até mesmo editados em editores de imagens digitais.

3.8. Rasterização e vetorização:

Imagens de raster podem ser convertidas em imagens vetoriais e vice e versa. Transformar imagem vetorial em raster é um processo bastante simples. Transformar uma fotografia em um desenho vetorial pode ser uma grande dor de cabeça e muito tempo de ajustes. A grande vantagem dessa conversão é o usuário obter imagens escaláveis que podem sofrer grandes ampliações sem perda da qualidade.

Existe uma lista extensa de conversores para fazer esse tipo de trabalho. No celular também encontramos diversos aplicativos que fazem conversão com excelente precisão. O Corel Draw, software que escolhemos para o nosso projeto, tem ferramentas para vetorizar imagens raster.

3.9. Converter Bitmap Em Vetor:

Vetorizar imagem, convertendo bitmap em imagens vetoriais significa converter uma imagem qualquer, captada de uma máquina fotográfica digital ou scanner, em uma imagem vetorial, ou melhor, como resultado de complicadas fórmulas matemáticas. A vantagem de converter bitmap em imagens vetoriais (alguns chamam de vetorizar uma imagem) é a de ter uma imagem mais flexível, fácil de manusear e editável.

Nos primeiros anos da edição electrónica (1985-1990) o Adobe Ilustrador possui algumas funcionalidades do AutoCad que convertiam trabalhos em bitmap e fotografias técnicas pormenorizadas em desenhos lineares com qualidade.

- As imagens Bitmap são compostas por vários pontos ou pixels.
- As imagens vetoriais são compostas por fórmulas matemáticas.

As imagens bitmap são habitualmente:

- muito grandes para se armazenar;
- muito difíceis de editar apesar dos bons programas de edição na atualidade;
- difíceis e lentas para se trabalhar com elas;
- quando muito ampliada ficam com aspecto dentado;
- As imagens vetoriais são tipicamente:
- são pequenas em tamanho para se armazenar;
- facilmente editáveis nos programas próprios de edição;
- redimensionáveis sem perda de qualidade, pode aumentar a vontade;
- de rápida e fácil gestão.

Uma imagem vetorial é redimensionável sem perda de qualidade, já a definição de uma imagem raster é comprometida com a ampliação.

Para uso com impressoras 3D ou máquinas CNC, existem várias vantagens em vetorizar uma imagem raster principalmente quando se vamos trabalhar com relevos e "talhar" uma fotografia em uma prancha de madeira. Isto garante grandes atrativos financeiros no trabalho de usinagem, além da possibilidade de editar, atualizar e modificar facilmente muitas referências visuais que fazem parte da imagem aumentando assim a qualidade do nosso trabalho.

No próprio Corel Draw, existem recursos para esse tipo de trabalho. Mas lembre-se, a conversão de imagens bitmap em imagens vetoriais é um processo trabalhoso e difícil, altamente técnico e demorado. Também não existe um programa ou utilitário que possa vetorizar imagens de modo perfeito, você sempre terá que fazer muitos ajustes na imagem para ficar do seu gosto antes de mandar para impressora.

Nota: Aqui no nosso livro trataremos apenas das imagens digitais e sua impressão em papel fotográfico.

3.10. Qual é o tamanho de impressão sem perda?

A qualidade de uma imagem impressa depende da resolução da fotografia em pixels por polegada (PPP) ou DPI – dots per Inch ou pontos por polegada. Para garantir uma boa qualidade de impressão, muitos profissionais recomendam uma resolução de pelo menos 300 DPI na foto a ser impressa.

DPI significa "Dots Per Inch" (pontos por polegada) e refere-se à resolução de uma imagem digital quando impressa. Essa medida indica quantos pontos individuais de cor existem em cada polegada de uma imagem impressa.

Quando se trata de fotografias digitais, a resolução é geralmente medida em PPP ou DPI. A relação entre pixels e pontos por polegada é importante para determinar a qualidade da impressão. Uma imagem com mais pixels por polegada terá mais detalhes e, geralmente, uma qualidade de impressão melhor.

Se você souber a resolução da sua imagem em pixels, você pode calcular o tamanho máximo de impressão dividindo a largura e a altura em pixels pela resolução desejada. Por exemplo, uma imagem de 3000 x 2000 pixels, ao ser impressa com 300 DPI, resultaria em uma impressão de 10 x 6,67 polegadas. Para achar o valor em cm, é só multiplicar o resultado por 2,54.

3000/300 = 10 polegadas x 2,54 = 25,4 cm

2000/300 = 6,67 polegadas x 2,54 = 17 cm

Lembre-se de que diferentes tipos de impressoras e materiais de impressão podem ter requisitos específicos, e é sempre bom verificar as recomendações do provedor de serviços de impressão.

3.11. Qualidade da imagem

É possível imprimir uma imagem digital de um certo tamanho com mais ou menos qualidade. A qualidade está diretamente relacionada com a quantidade de DPI da imagem. Para impressão, o ideal é no mínimo 300 DPI sendo a melhor qualidade se encontra em 600 DPI ou mais. É claro que a impressora também deve imprimir na mesma resolução da foto.

Portanto, ao escolher a resolução para suas imagens, especialmente ao pensar em impressões, é recomendável usar uma resolução mais alta (300 DPI, por exemplo) para garantir uma qualidade de impressão adequada.

3.12. Megapixel:

O termo "megapixel" refere-se à medida da resolução de uma câmera digital, indicando a quantidade de pixels que compõem uma imagem capturada. Um megapixel é equivalente a um milhão de pixels.

Por exemplo, se uma câmera tem uma resolução de 12 megapixels, significa que ela é capaz de capturar imagens com aproximadamente 12 milhões de pixels. A resolução da imagem é determinada multiplicando o número de pixels na largura pela quantidade na altura.

Ter mais megapixels geralmente resulta em imagens mais detalhadas, especialmente quando você imprime ou visualiza em tamanhos maiores. No entanto, é importante notar que a quantidade de megapixels não é o único fator que determina a qualidade de uma imagem. A qualidade da lente da câmera, o sensor de imagem e outros fatores também desempenham um papel importante.

Portanto, ao escolher uma câmera, é recomendável considerar não apenas o número de megapixels, mas também outros aspectos importantes para garantir a captura de imagens de alta qualidade. Normalmente o valor da câmera está diretamente relacionado a qualidade da imagem obtida com ela.

3.13. Tabelas para impressão de imagens:

Padrões para laboratório de fotos em lojas de fotografias.

Papel (Cm)	Polegadas	Pixel 300 DPI	Megapixel
7x12	3x5	900x1500	1.35
10x15	4x6	1200x1800	2.16
13x18	5x7	1500x2100	3.15
20x25	8x10	2400x3000	7.2
20x30	8x12	2400x3600	8.64
24x30	10x12	3000x3600	10.8
25x38	10x15	3000x4500	13.5
30x45	12x18	3600x5400	19.4

Padrões para "fina arte" ou impressão profissional em gráfica.

Papel (Cm)	Polegadas	Pixel 300 DPI	Megapixel
A0	84x120	9933x14043	139
A1	59,4x84	7016x9933	69.7
A2	42x59,4	4961x7016	34.8
A3	29,7x42	3508x4961	17.4
A4	21x29,7	2480x3508	8.7
A5	14,8x21	1748x2480	4.34
A6	10,5x14.8	1240x1748	2.17
A7	7,4x10,5	847x1240	1.08

3.14 Cores nas imagens

O valor de bits em uma imagem refere-se à profundidade de

cor ou à quantidade de informações de cor que cada pixel da imagem pode armazenar. Quanto maior o número de bits, maior a capacidade de representar cores diferentes.

Por exemplo, uma imagem com 32 bits por pixel pode representar uma gama mais ampla de cores do que uma imagem com 16 bits por pixel. O aumento na quantidade de bits permite uma maior precisão na reprodução das cores, o que é especialmente útil em trabalhos gráficos, design e edição de imagens. Essa informação é importante para garantir uma representação fiel das cores na imagem.

3.15. Informações nas imagens:

Nas propriedades de uma foto digital, sempre aparece as seguintes informações:

Mega Pixel	Tamanho	Pontos p/ Pol	Prof.de cor
4096x4096	30MB	300DPI	32 bit

Megapixel – resolução da imagem, quantidade de pixel que compõe a imagem.

Tamanho – tamanho da imagem no disco rígido.

DPI – quantidade de pontos individuais de cor existem em uma polegada quadrada quando impressa.

Bit - quantidade de informações de cor que cada pixel da imagem pode armazenar.

MÓDULO 4
A Prática da Impressão Digital

4.1 Introdução

Neste capítulo, mergulharemos nas profundezas da "Prática da Impressão de fotos Digitais", uma técnica que eleva a expressão artística para além do digital, transcendendo a virtualidade para ganhar forma tangível. A impressão digital não é apenas um método de reprodução; é uma ponte entre o mundo digital e o físico, transformando pixels em obras palpáveis.

Ao longo destas páginas, exploraremos as nuances da impressão digital, desde as diferentes tecnologias disponíveis até as escolhas estratégicas que transformam uma imagem na tela em uma peça que pode ser tocada, exibida e apreciada. Vamos desvendar os segredos por trás da seleção de papéis, tintas e técnicas de impressão que dão vida às criações digitais.

A impressão digital não apenas estende a presença da arte para o mundo físico, mas também acrescenta camadas sensoriais à experiência do espectador. Ao compreendermos as peculiaridades deste processo, podemos criar obras que não apenas cativam visualmente, mas também encantam ao toque e ao olfato.

Prepare-se para explorar a transição do digital para o palpável, descobrindo como a prática da impressão digital pode expandir horizontes criativos e oferecer novas formas de compartilhar sua visão única com o mundo. Vamos imprimir não apenas imagens, mas emoções, narrativas e a essência única da sua expressão artística.

Que este capítulo seja uma jornada reveladora, abrindo portas para um novo mundo de possibilidades artísticas através da prática da impressão digital.

4.2 Primeiros passos para imprimir uma foto digital

Se você deseja se tornar um artista de artes digitais, vai precisar conhecer profundamente os fundamentos da impressão digital em suas diversas etapas de produção. Aqui estamos tratando da impressão em "Fina Arte", ou seja, impressão profissional de fotos digitais.

Imprimir uma foto digital "Fina Arte" envolve alguns passos técnicos essenciais para garantir resultados de alta qualidade. Aqui estão os primeiros passos que você deve seguir:

Escolha da Imagem

Selecione a imagem que deseja imprimir. Certifique-se de que a resolução seja adequada para o tamanho desejado da impressão, garantindo uma reprodução nítida e detalhada.

Pontos a considerar:

Escolher uma imagem digital para imprimir em "fina arte" requer atenção aos detalhes para garantir que a reprodução atenda aos padrões de qualidade associados a esse tipo de impressão. Aqui estão algumas diretrizes para orientar sua escolha:

Resolução Adequada:

Certifique-se de que a imagem tenha uma resolução adequada para a impressão em alta qualidade. Recomenda-se uma resolução de pelo menos 300 pixels por polegada (PPI) para garantir detalhes nítidos e uma reprodução precisa.

Nitidez e Detalhes:

Escolha uma imagem que seja nítida e rica em detalhes. Imagens com detalhes bem definidos destacam-se particularmente na impressão em "fina arte" e proporcionam uma experiência visual mais envolvente.

Gama Dinâmica:

Opte por uma imagem com uma gama dinâmica ampla. Isso significa que a imagem deve capturar uma variedade extensa de tons, desde as áreas mais escuras até as mais claras. Uma boa gama dinâmica contribui para uma impressão com maior profundidade visual.

Cores Precisas e Vibrantes:

Escolha uma imagem com cores precisas e vibrantes, especialmente se você estiver imprimindo em uma impressora de qualidade fotográfica. Certifique-se de que as configurações de cor estejam calibradas para garantir a reprodução fiel das cores.

Composição e Equilíbrio Visual:

Considere a composição da imagem e o equilíbrio visual. Uma imagem bem composta, com uma distribuição equilibrada de elementos, muitas vezes se traduz em uma impressão mais atraente.

Texturas e Detalhes Subtis:

Se a sua imagem contiver texturas ou detalhes subtis, esses elementos podem ser enfatizados na impressão em "fina arte". Escolha imagens que explorem essas características, adicionando uma dimensão tátil à experiência visual.

Escolha do Tema:

Selecione um tema que ressoe com o estilo da impressão em "fina arte". Imagens que evocam emoções, paisagens impressionantes, retratos expressivos ou composições artísticas muitas vezes se beneficiam dessa forma de apresentação.

Avaliação em Tamanho Real:

Antes de imprimir, avalie a imagem em tamanho real para garantir que todos os detalhes estejam satisfatórios. Isso ajuda a evitar surpresas desagradáveis quando a imagem estiver impressa em grande escala.

Escolha do Papel:

Escolha um papel de "fina arte" de alta qualidade que complemente a estética da sua imagem. Os papéis finos de qualidade oferecem texturas e acabamentos distintos, contribuindo para a apresentação elegante da obra.

Impressão de Teste:

Considere fazer uma impressão de teste antes da impressão final para avaliar como a imagem se traduzirá fisicamente.

Isso permite ajustes finos nas configurações para otimizar a reprodução.

Ao seguir essas diretrizes, você estará mais bem preparado para escolher uma imagem digital que atenda aos padrões exigentes da impressão em "fina arte", proporcionando uma experiência visual refinada e duradoura.

4.3. Calibração do Monitor

Antes de imprimir, é crucial calibrar seu monitor para garantir que as cores na tela correspondam de perto às cores impressas. Utilize um dispositivo de calibração ou ajuste manualmente as configurações de cor no seu monitor.

Buscando a perfeição:

Penso que muitas pessoas trabalham a vida toda com computadores e nunca escutou falar de calibração de monitores. Normalmente se compra o monitor e se usa conforme o "default" do fabricante. Entretando para os profissionais de fotos digitais, calibrar o monitor é essencial para produzir um trabalho de qualidade. O fato é que na maioria das vezes as cores mostradas em um monitor não correspondem as cores real que será impressa no papel. Em fotografia isso gera um grande problema.

Utilize um dispositivo de calibração de monitor, como um calorímetro. Essas ferramentas ajudam a medir e ajustar a temperatura de reprodução de cores de forma precisa.

Ambiente de Visualização:

Certifique-se de que o ambiente onde você trabalha tem uma iluminação consistente. Evite reflexos diretos na tela e mantenha um equilíbrio de luz para garantir condições ideais de visualização.

Configurações Padrão do Monitor:

Restaure as configurações do monitor para os padrões de fábrica antes de iniciar o processo de calibração.

Escolha de Perfil de Cor:

Selecione um perfil de cor adequado para o tipo de trabalho que você realiza. Para fotografias digitais, o perfil RGB é comumente utilizado.

Ajuste de Contraste e Brilho:

Ajuste o contraste e brilho de acordo com as recomendações do fabricante do monitor, garantindo que detalhes nas áreas claras e escuras sejam visíveis.

Calibração de Cores Primárias:

Utilize o dispositivo de calibração para ajustar as cores primárias (vermelho, verde, azul) e garantir uma reprodução precisa das cores.

Gamma:

Configure o GAMMA de acordo com as especificações desejadas, geralmente em torno de 2.2 para trabalhos digitais.

Verificação de Uniformidade:

Verifique a uniformidade da luminância em toda a tela para evitar variações indesejadas.

Frequência de Atualização:

Certifique-se de que o monitor está configurado com uma frequência de atualização adequada para evitar problemas como cintilação.

Verificação Regular:

Faça verificações regulares da calibração para garantir que as configurações permaneçam precisas ao longo do tempo.

Lembre-se de que a calibração é um processo contínuo, especialmente se você trabalha com cores críticas em fotografias.

4.4. Tratamento da Imagem

Realize o tratamento da imagem usando software de edição, se necessário. Ajuste o equilíbrio de cores, brilho, contraste e nitidez para atender às suas preferências e garantir uma reprodução fiel da imagem.

Pontos a considerar:

No tratamento de uma imagem digital, há diversos pontos a considerar para obter resultados satisfatórios. Aqui estão alguns dos principais:

Resolução da Imagem:

Verifique e, se necessário, ajuste a resolução da imagem para garantir a qualidade desejada, especialmente se a imagem será usada para impressão.

Equilíbrio de Cores:

Corrija o equilíbrio de cores para garantir que as cores na imagem sejam precisas e naturais. Isso inclui ajustar o branco, preto e tons intermediários.

Contraste e Brilho:

Ajuste o contraste e brilho para realçar os detalhes na imagem sem comprometer a qualidade visual.

Nitidez e Suavização:

Aplique técnicas de nitidez para realçar detalhes importantes e suavização de serrilhado (Aliasing) para reduzir o ruído ou irregularidades na imagem.

Correção de Exposição:

Corrija problemas de subexposição ou superexposição de luz para garantir uma exposição adequada em diferentes áreas da imagem.

Remoção de Olhos Vermelhos:

Caso haja presença de olhos vermelhos devido ao flash, utilize ferramentas para corrigir esse efeito de forma natural.

Corte e Composição:

Realize cortes na imagem para destacar elementos principais e ajuste a composição para uma apresentação visualmente agradável.

Remoção de Manchas e Imperfeições:

Remova manchas, poeira ou outras imperfeições indesejadas na imagem.

Filtros e Efeitos:

Utilize filtros e efeitos com moderação para adicionar estilo à imagem, mas evite torná-la excessivamente editada.

Salve em Formato Adequado:

Escolha o formato de arquivo adequado para a finalidade da imagem, seja JPEG para web, TIFF para impressão ou outros formatos conforme necessário.

Preservação do Original:

Sempre trabalhe em uma cópia da imagem original para preservar a qualidade e ter a possibilidade de reverter alterações.

Ajustes Locais:

Considere ajustes locais para partes específicas da imagem, como aplicar mais nitidez em uma área específica ou escurecer um fundo.

Lembrando que o tratamento de imagem pode ser uma prática subjetiva, dependendo do estilo desejado. Sempre busque equilíbrio e atenção aos detalhes para obter resultados satisfatórios.

4.5. Perfil de Cores

Ao preparar a imagem para impressão, escolha o perfil de cores correto. Geralmente, perfis como RGB são adequados para impressões padrão, mas se estiver utilizando um serviço de impressão específico, verifique se há recomendações de perfil de cores.

Escolha do perfil de cores:

A escolha do perfil de cores é fundamental para aprimorar uma foto digital, pois influencia diretamente na reprodução precisa das cores. Aqui estão algumas orientações para ajudar na escolha do perfil de cores:

Compreenda a Finalidade:

Antes de escolher um perfil de cores, entenda a finalidade da imagem. Se a imagem será usada para web, impressão ou outras mídias, o perfil de cores pode variar.

Padrões de Indústria:

Utilize perfis de cores padrão da indústria, como sRGB (padrão Adobe), para imagens destinadas à web, pois é amplamente suportado por navegadores e dispositivos.

Adobe RGB para Impressão:

Se a imagem será impressa, considere o uso do perfil Adobe sRGB, que oferece uma gama de cores mais ampla do que o RGB, sendo adequado para impressões de alta qualidade.

ProPhoto RGB para Edição Avançada:

Se estiver realizando edições avançadas e deseja manter a máxima gama de cores possível, o perfil ProPhoto RGB pode ser uma opção, mas atente-se à compatibilidade com dispositivos de saída.

Monitor Calibrado:

Certifique-se de que o monitor está calibrado para o perfil de cores escolhido. A calibração ajuda a garantir uma reprodução precisa das cores durante o processo de edição.

Considerações de Dispositivos:

Pense nos dispositivos nos quais a imagem será visualizada. Se o público-alvo utilizará uma variedade de dispositivos, pode ser prudente escolher um perfil de cores que seja amplamente compatível.

Perfil Personalizado:

Em alguns casos, pode ser benéfico criar um perfil de cores personalizado para atender às necessidades específicas do projeto.

Preservação de Detalhes:

Ao escolher um perfil de cores, leve em consideração a preservação de detalhes nas áreas de sombra e destaque. Alguns perfis podem ser mais adequados para manter informações em determinadas faixas de tonalidade.

Observação na Edição:

Observe como as cores aparecem durante o processo de edição. Se notar perda de detalhes ou cores distorcidas, pode ser necessário ajustar o perfil de cores.

Compatibilidade com Softwares:

Verifique a compatibilidade do perfil de cores com os softwares que você utiliza para edição de imagens. Alguns programas podem ter melhor suporte para determinados perfis.

Lembre-se de que a escolha do perfil de cores pode variar de acordo com as circunstâncias específicas de cada projeto. Experimente diferentes perfis e ajustes para encontrar a combinação que melhor atenda às suas necessidades e às características da imagem que está sendo editada.

4.6. Resolução e Tamanho da Impressão

Determine a resolução desejada para a impressão. Recomenda-se uma resolução de pelo menos 300 pixels por polegada (PPI) para garantir detalhes nítidos. Além disso, defina o tamanho físico da impressão conforme suas preferências.

Relação entre resolução e tamanho da imagem:

A relação entre resolução e tamanho de impressão em fotos digitais é um conceito técnico importante para garantir a qualidade da impressão. Vamos abordar isso de maneira técnica:

Resolução da Imagem:

A resolução de uma imagem é medida em pixels por polegada (DPI). Ela representa a densidade de pixels na imagem e afeta diretamente a qualidade da impressão. Quanto maior a resolução, mais detalhes a imagem pode conter.

Tamanho Físico da Imagem:

O tamanho físico da imagem é a dimensão real que ela ocupará na impressão, geralmente medido em polegadas. Essa dimensão é crucial para determinar a qualidade visual da impressão.

Fórmula de Relação:

A relação entre resolução e tamanho de impressão é expressa pela fórmula: Resolução (DPI) = Número de Pixels / Tamanho de Impressão (polegadas).

Recomendações Gerais:

Para impressões de alta qualidade, é comum usar uma resolução de 300 DPI. Isso garante uma boa reprodução de detalhes.

Imagens destinadas à web podem ter resoluções menores, como 72 DPI, devido à menor exigência de detalhes em telas digitais.

Cálculo do Tamanho de Impressão:

Para calcular o tamanho de impressão, use a fórmula: Tamanho de Impressão (polegadas) = Número de Pixels / Resolução (DPI).

Ajuste da Resolução:

Se o tamanho de impressão desejado for grande, mas a imagem tiver baixa resolução, a qualidade da impressão pode ser comprometida. Nesses casos, pode ser necessário redimensionar a imagem para aumentar sua resolução.

Interpolação:

Aumentar a resolução através da interpolação (software) pode ser uma opção, mas isso pode levar a perda de nitidez, pois o software preenche os pixels adicionais de forma estimada.

Monitoração da Qualidade:

Ao redimensionar ou ajustar a resolução, é importante monitorar visualmente a qualidade da imagem para garantir que não haja perda significativa de detalhes.

Perfil de Cores e Modo CMYK:

Considere o uso de perfis de cores adequados para impressão e certifique-se de que a imagem esteja no modo de cor CMYK, que é mais apropriado para impressão.

Armazenamento em Alta Resolução:

Armazene sempre a versão original da imagem em alta resolução para preservar a qualidade, mesmo que uma versão menor seja usada para web ou visualização online.

Em resumo, a relação entre resolução e tamanho de impressão é crucial para obter resultados de alta qualidade. A escolha da resolução adequada depende das necessidades específicas de cada projeto, e o equilíbrio entre tamanho físico e resolução é essencial para garantir uma reprodução fiel da imagem na impressão.

4.7. Escolha do Papel

Selecione o tipo de papel mais apropriado para a sua imagem e propósito. Papéis fotográficos oferecem acabamentos variados, como fosco, brilhante, acetinado, entre outros. Considere também o peso e a textura do papel.

Abaixo estão alguns dos principais tipos de papéis usados para impressões fotográficas em "fina arte" e suas características distintivas:

Papel Fotográfico de Algodão:

Características:

Feito de fibras de algodão de alta qualidade.

- Superfície texturizada ou lisa, proporcionando uma aparência artística.
- Excelente reprodução de cores e detalhes.
- Durabilidade e resistência ao envelhecimento.

Papel Fotográfico de Hahnemühle Photo Rag:

Características:

- Fabricado pela renomada marca Hahnemühle.
- Textura suave e acabamento fosco.
- Ideal para impressões em preto e branco, oferecendo tons de cinza distintos.
- Resistente a manchas e durável.

Papel Fotográfico de Bambu:

Características:

- Produzido a partir de fibras de bambu sustentáveis.
- Superfície suave e texturizada.
- Boa reprodução de cores, especialmente em tons quentes.
- Opção ecológica devido à fonte renovável.

Papel Fotográfico de Lona:

Características:

- Possui uma textura que simula a aparência de uma tela de pintura.
- Ideal para impressões artísticas e reproduções de obras de arte.
- Geralmente usados com tintas à base de pigmentos para maior durabilidade.

Papel Fotográfico de Veludo:

Características:

- Textura de veludo que adiciona uma sensação tátil à impressão.
- Proporciona profundidade e contraste aprimorados.
- Boa reprodução de cores e detalhes.

Papel Fotográfico Metalizado:

Características:

- Revestido com partículas metálicas para um acabamento brilhante.
- Cria um efeito de brilho e luminosidade nas áreas claras da imagem.
- Ideal para fotografias com destaque em áreas de alto contraste.

Papel Fotográfico de Fibra de Vidro:

Características:

- Contém fibras de vidro para maior durabilidade.
- Superfície lisa e brilhante.
- Oferece reprodução de cores vibrantes e detalhes nítidos.

Papel Fotográfico Fine Art Mate:

Características:

- Superfície mate sem brilho.
- Ideal para impressões que requerem baixo reflexo de luz.
- Textura suave, proporcionando uma aparência elegante.

Lembre-se de que a escolha do papel depende da estética desejada para a impressão e das características específicas de cada imagem. Além disso, é importante considerar a compatibilidade entre o papel escolhido e o tipo de tinta utilizada na impressora para garantir resultados de alta qualidade e durabilidade.

4.8. Configurações de Impressão

Ajuste as configurações de impressão no seu software de edição ou na impressora. Defina o tipo de papel, a qualidade de impressão, e se a sua impressora suportar, utilize configurações específicas para otimizar a reprodução de cores.

Considere:

Configurar uma impressora para imprimir uma arte do tipo "fina arte" é crucial para garantir resultados de alta qualidade. Aqui estão alguns pontos importantes a serem considerados:

Escolha do Papel:

Selecione um papel de qualidade "fina arte" que complemente a estética da obra. Considere texturas, acabamentos e características específicas do papel, como algodão, bambu ou lona.

Perfil de Cores:

Utilize perfis de cores específicos para o papel escolhido. Muitos fabricantes de papel oferecem perfis ICC que podem ser baixados e instalados na sua impressora para garantir uma correspondência precisa de cores.

Calibração do Monitor:

Certifique-se de que o monitor utilizado para a edição da arte está calibrado. Isso ajuda a garantir consistência nas cores entre a tela e a impressão.

Resolução da Imagem:

Verifique se a imagem possui uma resolução adequada para a impressão. Imagens de alta resolução são essenciais para reproduzir detalhes finos em impressões de "fina arte".

Modo de Cor CMYK:

Configure a impressora para o modo de cor CMYK, que é mais apropriado para impressões de arte. Isso garante que as cores estejam alinhadas com o padrão de impressão.

Configurações de Tinta:

Se possível, utilize tintas à base de pigmentos, pois oferecem maior durabilidade e resistência ao desbotamento em comparação com tintas à base de corantes.

Ajustes de Qualidade de Impressão:

Escolha a qualidade de impressão mais alta disponível na sua impressora para garantir detalhes nítidos e cores vibrantes. Isso pode incluir configurações como "Melhor Qualidade" ou "Alta Resolução".

Ajuste da Densidade de Tinta:

Ajuste a densidade de tinta de acordo com as características do papel. Alguns papéis absorvem mais tinta do que outros, portanto, é importante ajustar para evitar excesso ou falta de tinta.

Testes de Impressão:

Realize testes de impressão em pequenos pedaços do papel escolhido antes de imprimir a obra completa. Isso permite ajustes finos nas configurações sem desperdiçar material.

Manutenção da Impressora:

Mantenha a impressora em bom estado de funcionamento. Limpe regularmente os cabeçotes de impressão e siga as recomendações do fabricante para manutenção preventiva.

Armazenamento de Impressões:

Após a impressão, manipule as obras com cuidado para evitar danos. Armazene as impressões em condições adequadas, protegendo-as da luz direta, umidade e outros fatores que podem afetar a qualidade ao longo do tempo.

Lembre-se de que as configurações específicas podem variar dependendo do modelo da impressora, das tintas e dos papéis utilizados. Consulte o manual do usuário da sua impressora e os materiais do fabricante para obter orientações específicas sobre configurações de impressão de "fina arte".

4.9. Pré-Visualização da Impressão

Antes de imprimir, faça uma pré-visualização da imagem para garantir que todas as configurações estejam corretas. Isso ajuda a evitar surpresas desagradáveis e a economizar papel e tinta.

A pré-visualização de uma imagem de "fina arte" antes da impressão é crucial para garantir que todas as configurações estejam corretas. Aqui estão passos importantes para realizar essa pré-visualização com precisão:

Calibração do Monitor:

Certifique-se de que o monitor utilizado para a pré-visualização está devidamente calibrado. Isso assegura que as cores na tela correspondam às cores na impressão.

Perfil de Cores:

Utilize um perfil de cores correspondente ao papel e tinta que serão utilizados na impressão. Isso ajuda a garantir uma correspondência precisa de cores entre a tela e a impressão final.

Zoom e Detalhes:

Amplie a imagem para visualizar detalhes finos. Isso é especialmente importante para obras de "fina arte", onde os detalhes podem ser cruciais. Verifique se todos os elementos importantes estão nítidos.

Verificação de Tons e Contraste:

Analise os tons e o contraste da imagem. Certifique-se de que as áreas escuras e claras possuam detalhes visíveis e que o contraste esteja equilibrado conforme desejado.

Resolução da Imagem:

Confirme que a resolução da imagem é adequada para a impressão desejada. Imagens de alta resolução são essenciais para garantir a reprodução fiel de detalhes finos.

Modo de Cor CMYK:

Se a impressora opera no modo de cor CMYK, verifique como a imagem se traduz nesse espaço de cor. Certifique-se de que as cores estejam alinhadas com o padrão de impressão.

Simulação de Perfil de Cores:

Algumas ferramentas de edição de imagem permitem simular como a imagem será impressa com um determinado perfil de cores. Utilize essa funcionalidade para ter uma visualização mais precisa.

Ajustes de Nitidez e Suavização:

Faça ajustes finos na nitidez e suavização da imagem, se necessário. Isso pode ser crucial para garantir que a impressão reflita fielmente a intenção artística da obra.

Testes de Impressão em Pequena Escala:

Antes de imprimir a obra completa, faça testes de impressão em pequena escala em diferentes pedaços do papel escolhido. Isso permite ajustes finos nas configurações sem desperdiçar material.

Comparação com a Obra Original:

Se possível, compare a pré-visualização da imagem na tela com a obra de "fina arte" original, se existir. Isso ajuda a garantir que a impressão capture fielmente a intenção artística.

Finalização:

Faça uma revisão de todos os elementos visuais da imagem, incluindo cores, detalhes, contraste e composição, antes de iniciar a impressão.

Ao seguir esses passos, você terá uma pré-visualização sólida da imagem de "fina arte" e estará mais propenso a obter resultados de impressão que refletem fielmente sua visão artística.

Impressão de Teste:

Considere fazer uma impressão de teste em um pedaço menor do papel escolhido antes de imprimir a imagem completa. Isso permite ajustar as configurações, se necessário, antes da impressão final.

4.10. Armazenamento Adequado

Após a impressão, armazene a foto digital em um local apropriado para proteger contra danos físicos, luz solar direta e variações de temperatura.

Orientações de preservação:

Armazenar uma foto digital impressa de "fina arte" adequadamente é essencial para protegê-la contra danos físicos, luz solar direta e variações de temperatura. Aqui estão algumas orientações para garantir a preservação apropriada:

Escolha do Local:

Armazene a impressão em um local fresco e seco, longe da luz solar direta e de fontes de calor. Evite áreas úmidas, pois a umidade pode causar danos ao papel e às tintas.

Proteção Contra Luz Solar Direta:

Evite expor a impressão diretamente à luz solar, pois a exposição prolongada pode causar desbotamento das cores. Use vidros ou películas UV em molduras para proteger contra os efeitos prejudiciais da luz ultravioleta.

Afastamento de Fontes de Calor:

Mantenha a impressão afastada de fontes diretas de calor, como radiadores, lâmpadas incandescentes ou outros dispositivos que geram calor. O calor excessivo pode causar danos ao papel e acelerar a degradação das tintas.

Molduras e Vidros Antirreflexo:

Ao emoldurar a impressão, escolha vidros antirreflexo para reduzir os reflexos prejudiciais. Certifique-se de que a impressão não esteja em contato direto com o vidro para evitar aderência.

Manuseio com Cuidado:

Ao manusear a impressão, certifique-se de ter as mãos limpas e secas. Evite tocar diretamente na superfície impressa para evitar manchas e danos.

Armazenamento Vertical:

Se estiver armazenando várias impressões, coloque-as verticalmente, apoiadas em uma superfície plana. Isso evita que as impressões empilhadas causem danos umas às outras.

Ambiente Controlado:

Se possível, armazene as impressões em um ambiente com controle de temperatura e umidade. Ambientes estáveis ajudam a prevenir deformações no papel e garantem a longevidade das tintas.

Longe de Produtos Químicos:

Mantenha a impressão longe de produtos químicos agressivos, fumaça, poluentes atmosféricos e outros elementos que possam causar danos.

Revisões Periódicas:

Faça revisões periódicas para garantir que as condições de armazenamento estejam sendo mantidas. Isso inclui verificar a integridade das molduras, a presença de mofo e quaisquer sinais de danos.

Backup Digital:

Considere manter um backup digital da imagem. Isso pode ser útil para reimpressões no futuro, caso a impressão física sofra danos irreparáveis. Lembrando que, mesmo com todos esses cuidados, é inevitável que com o tempo as impressões possam sofrer alguma degradação. No entanto, seguindo essas práticas, você maximiza a vida útil da sua impressão de "fina arte" e preserva sua qualidade por mais tempo.

Seguindo esses passos, você estará preparado para transformar suas fotos digitais em obras impressas, preservando a qualidade e a integridade visual da sua criação.

MÓDULO 5
Profissionalize-se como Artista Digital

5.1 Transforme uma "Arte Digital" em um NFT

Neste contexto, chamamos de "Fine Art" a transformação das fotografias digitais em uma obra de arte, de um artista digital, em uma NFT (Token Não Fungível), o que oferece diversas oportunidades, criando uma condição favorável única, no cenário digital e artístico, de comercialização de obras de arte. Aqui estão algumas das principais vantagens:

Propriedade Autêntica e Rastreável:

Os NFTs na blockchain garantem autenticidade e rastreabilidade das obras. Cada NFT é exclusivo e registrado na blockchain, oferecendo uma forma confiável de verificar a propriedade genuína da obra digital.

Direitos Autorais e Regalias Automatizadas:

Contratos inteligentes incorporados nos NFTs permitem que artistas automaticamente recebam royalties sempre que a obra é revendida. Isso garante que os artistas continuem a receber compensação pelo valor crescente de suas criações mesmo após a venda inicial.

Acesso a Mercado Global:

Plataformas NFT proporcionam aos artistas digitais acesso a um mercado global. Suas obras podem ser visualizadas e adquiridas por colecionadores de todo o mundo, ampliando significativamente o alcance e a visibilidade.

Interatividade e Engajamento:

A natureza digital dos NFTs permite formas interativas de envolvimento com o público. Os artistas podem explorar recursos como realidade virtual (VR), realidade aumentada (AR) e outros meios inovadores para cativar os espectadores.

Flexibilidade nas Ofertas:

Os artistas podem optar por criar edições limitadas de suas obras, estabelecer preços fixos ou realizar leilões, proporcionando flexibilidade nas estratégias de oferta e venda.

Inovação na Monetização:

Além da venda direta, os NFTs abrem espaço para modelos de negócios inovadores, como acesso a conteúdo exclusivo, participação em eventos virtuais, ou até mesmo tokens que representam direitos especiais associados às obras.

Participação na Cultura NFT:

Ao aderir à cultura NFT em constante evolução, os artistas digitais podem participar ativamente de comunidades criativas, colaborar com outros artistas e explorar novas formas de expressão artística.

Facilidade de Transações e Liquidez:

As transações de NFTs são eficientes e rápidas na blockchain, oferecendo liquidez imediata para os artistas. Isso simplifica o processo de compra e venda em comparação com métodos tradicionais.

Experiência do Colecionador Aprimorada:

Os colecionadores de NFTs têm uma experiência única e enriquecedora ao possuir obras digitais exclusivas. A propriedade descentralizada e a capacidade de interagir diretamente com os artistas fortalecem a relação entre criador e colecionador.

Exploração de Novos Mercados e Conceitos Artísticos:

Os NFTs incentivam a exploração de novos mercados e conceitos artísticos, impulsionando a inovação e possibilitando a experimentação sem as barreiras tradicionais do mercado.

Ao abraçar o universo NFT, os artistas digitais podem colher os benefícios dessas vantagens, conectando-se de maneira única com seu público e moldando o futuro da expressão artística digital.

5.2 Transformando sua foto em quadro "Fine Art"

A obtenção de sucesso nesse segmento não se restringe apenas à qualidade artística das fotografias. A atenção dedicada à escolha de materiais de alta qualidade para os quadros, incluindo molduras e papéis de impressão, é igualmente essencial. Afinal, a apresentação visual impactante, juntamente com a durabilidade e estética dos quadros, desempenham um papel crucial na percepção e valorização da obra.

A Impressão de Quadros "Fine Art" tornou-se uma prática difundida entre colecionadores, museus, artistas renomados, fotógrafos talentosos e entusiastas artísticos em todo o mundo. Essa técnica não só atende às expectativas de exposição em galerias, mas também é apreciada por aqueles que desejam enriquecer seus acervos pessoais com peças de elevado valor estético.

5.3 Características exclusivas do quadros "Fina Art"

Ao explorarmos o fascinante universo das artes visuais, somos prontamente transportados para ambientes notáveis, tais como museus, galerias e exposições, locais que celebram a expressão artística por meio de obras impressas. Nos meandros desse cenário, destaca-se a notável categoria dos Quadros "Fine Art".

A Fotografia "Fine Art", por sua natureza singular, já se destaca como uma forma de expressão única e exclusiva, onde o autor se empenha em transmitir sentimentos, conceitos, linguagens ou ideologias por meio de suas imagens. Contudo, para que essa manifestação artística atinja o estatuto de "objeto de arte", passível de comercialização, exposição, coleção e até mesmo venda como NFT (Token Não Fungível), a prática comum é a impressão da obra em tiragens limitadas.

Esse processo confere à obra uma exclusividade inigualável, elevando sua importância no cenário artístico. A lógica é clara: quanto mais restrita a tiragem, maior a escassez da obra, tornando-a menos acessível tanto para aquisição quanto para exploração comercial. Essa limitação, longe de ser uma restrição, potencializa a valorização da arte, transformando cada exemplar em uma peça rara e cobiçada.

No contexto brasileiro, diversos fotógrafos têm adotado a plataforma online como meio de divulgar e comercializar seus

Quadros "Fine Art". A loja virtual torna-se um espaço dinâmico e acessível.

Ao adotar a Impressão de Quadros "Fine Art", os artistas podem não apenas alavancar suas carreiras, mas também oferecer aos admiradores de arte a oportunidade de adquirir peças exclusivas que transcendem o comum. A interseção entre a beleza artística, a qualidade de impressão e a escolha criteriosa de materiais confere às obras uma autenticidade e apelo únicos.

Nesse contexto, a valorização do trabalho artístico não se limita apenas à criação da imagem, mas se estende à apresentação cuidadosa, proporcionando uma experiência sensorial completa aos apreciadores de "Fine Art". Portanto, ao considerar a comercialização de suas fotografias em "Fine Art", a atenção aos detalhes, desde a concepção da imagem até a seleção dos elementos físicos que a envolvem, é crucial para estabelecer uma presença marcante e duradoura no mercado de arte."

5.4 O mercado "Fine Art":

Em um cenário vasto e ávido por expressões artísticas, destaca-se um mercado de dimensões gigantescas, ansioso por incorporar fotografias "Fine Art" em quadros. Para além das galerias de arte, que representam um nicho mais seletivo e demandam uma entrada mais desafiadora devido à necessidade de construir uma rede de contatos, o setor imobiliário surge como uma arena repleta de oportunidades para os fotógrafos.

É bastante frequente que arquitetos e designers de interiores desempenhem um papel fundamental na indicação de móveis e quadros durante a fase de conclusão de projetos residenciais, apartamentos e espaços comerciais. Iniciar uma relação colaborativa com esses profissionais, promovendo ativamente o seu trabalho, propondo a inclusão estratégica de suas obras em projetos finalizados e discutindo possíveis comissões e parcerias, pode ser uma porta de entrada extraordinária para o reconhecimento e valorização do seu trabalho artístico.

Ao estabelecer conexões com os atores-chave do ramo imobiliário, os fotógrafos não apenas ampliam suas oportunidades de exposição, mas também inserem suas criações em contextos que transcendem o âmbito tradicional da arte. A inclusão de obras de arte "Fine Art" em ambientes residenciais e comerciais não só agrega valor estético, mas também proporciona aos fotógrafos a chance de compartilhar suas narrativas visuais com um público diversificado.

Explorar estratégias de marketing direcionadas ao setor imobiliário, oferecendo soluções visuais exclusivas que se alinham às tendências e estilos contemporâneos, pode potencializar a visibilidade do fotógrafo e estabelecer sua presença em um mercado amplo e dinâmico. Dessa forma, a interseção entre a arte "Fine Art" e o design de interiores torna-se uma simbiose enriquecedora, beneficiando tanto os profissionais envolvidos quanto aqueles que buscam apreciar e adquirir obras únicas e marcantes.

5.5 A comercialização de quadros "Fine Art"

Em um universo ainda pouco explorado, porém repleto de um potencial imenso, encontra-se o mercado de venda de Quadros "Fine Art". Estabelecer sua própria loja online, integrada ao seu site profissional de fotografia, e promover suas obras por meio dessa plataforma tornou-se uma estratégia eficaz para acelerar o crescimento no mercado e, principalmente, impulsionar as vendas.

Ao adotar essa abordagem, a combinação de uma sólida estratégia de divulgação, aliada a campanhas publicitárias bem elaboradas (uma recomendação valiosa), pode ser o catalisador que impulsiona sua presença no mercado. A presença online não apenas amplia o alcance geográfico, permitindo que suas obras sejam apreciadas por um público mais amplo, mas também oferece a conveniência de uma experiência de compra virtual, facilitando o processo para potenciais clientes.

No contexto da venda de Quadros "Fine Art", é importante reconhecer que o termo "Fine Art" abrange uma ampla gama de interpretações. Por esse motivo, desenvolvemos este conteúdo de maneira especial para oferecer uma compreensão abrangente do processo de impressão "Fine Art". Desde os fundamentos conceituais até dicas práticas, abordamos onde encontrar Quadros "Fine Art", destacando, ainda, as técnicas mais avançadas envolvidas nesse refinado estilo de impressão e enquadramento.

Explorar as nuances desse processo não apenas enriquece seu entendimento sobre a arte "Fine Art", mas também capacita você a comunicar efetivamente o valor único de suas criações aos potenciais compradores. Além disso, ao desmistificar os aspectos técnicos e estéticos, você constrói uma narrativa envolvente em torno de suas obras, promovendo uma conexão mais profunda entre suas criações e o público interessado.

Em suma, ao abraçar o universo da venda de Quadros "Fine Art" de maneira online, você não apenas desbrava um mercado promissor, mas também eleva a experiência do cliente, proporcionando uma jornada de descoberta e apreciação artística. Essa abordagem estratégica não só impulsiona seu crescimento no mercado como também solidifica sua presença como um contribuinte valioso para o mundo da arte contemporânea.

5.6 Impressão de fotos em "Fine Art"

A impressão "Fine Art" transcende as simples nuances de uma impressão fotográfica comum, demandando padrões superiores em termos de papel, processos de impressão e técnicas específicas de emolduramento para atender às exigências elevadas dessa forma de arte. Os defensores dessa abordagem destacam a importância de escolher cuidadosamente o tipo de papel, bem como os métodos de impressão e emolduramento, a fim de garantir que cada obra alcance o patamar distintivo esperado pelo universo "Fine Art".

Como mencionado anteriormente, a prática de limitar a tiragem das obras é uma característica inerente à impressão "Fine Art". Na legislação francesa, por exemplo, um decreto de 17 de fevereiro de 1995 estipula que uma "fotografia de arte" deve ser comercializada como uma edição limitada, restrita a apenas 30 impressões em todos os tamanhos disponíveis. Cada fotografia é acompanhada por um certificado de autenticidade assinado pelo próprio artista, consolidando a unicidade e exclusividade da obra no mercado.

Os museus, reconhecendo a importância de preservar a durabilidade e qualidade das fotografias em suas coleções, adotaram a impressão "Fine Art" como um recurso superior. Esse método é caracterizado pela sua ênfase na longevidade e conservação dos impressos, assegurando que as obras mantenham sua integridade ao longo do tempo.

O processo de impressão de Quadros "Fine Art" requer atenção meticulosa a detalhes especiais, desde a seleção de materiais específicos até o manuseio delicado, muitas vezes utilizando luvas para evitar qualquer marca ou alteração na fotografia original. Essa abordagem dedicada visa preservar não apenas a estética, mas também a autenticidade e singularidade de cada obra, garantindo que a experiência visual proporcionada ao espectador seja verdadeiramente excepcional.

Em resumo, a impressão "Fine Art" é um processo complexo e cuidadoso que vai além do mero ato de reproduzir uma imagem. É uma expressão de arte que demanda precisão, autenticidade e um compromisso com a preservação da visão original do artista, tornando cada impressão um tesouro exclusivo e valioso no cenário artístico contemporâneo.

5.7 Processo de impressão "Fine Art"

A produção de uma impressão "Fine Art" de qualidade demanda a conjunção de quatro requisitos fundamentais: uma impressora de alta definição, tintas de qualidade, papel apropriado e um monitor devidamente calibrado. Este processo, também conhecido como Giclée, destaca-se como uma técnica de impressão a jato de tinta, digitalmente produzida, que se distingue por características que proporcionam uma definição de imagem excepcional ao reproduzir fotografias ou qualquer outra representação gráfica.

A essência desse processo reside no uso de uma impressora específica, equipada com 9 a 12 cores, e a utilização de tintas especiais à base de pigmento mineral, afastando-se do corante comum. Essa escolha estratégica assegura uma paleta de cores mais ampla e vibrante, resultando em reproduções que capturam a essência e riqueza da obra original.

A seleção do papel também desempenha um papel crucial no sucesso da impressão "Fine Art". Opta-se por papéis ""Fine Art"", como fibra de algodão, alfa celulose, canvas ou fibras naturais como papel de arroz ou de bambu. Esses materiais proporcionam não apenas uma base durável, mas também contribuem para a textura e tonalidade específicas que caracterizam uma verdadeira obra "Fine Art".

Após a etapa de impressão, o processo se estende ao emolduramento, uma fase técnica que exige cuidados especiais. Elementos como vidro com proteção UV, praticamente sem reflexos, molduras no formato de caixa e a fotografia afastada do vidro são considerações essenciais para garantir a durabilidade, proteção e apreciação visual plena da obra.

No decorrer deste processo, é relevante explorar com mais detalhes os diferentes tipos de papéis "Fine Art" disponíveis, assim como as opções de molduras específicas para obras "Fine Art". Essas escolhas adicionais contribuem significativamente para a estética final da obra, conferindo-lhe uma apresentação única e cativante.

Em resumo, a impressão "Fine Art" é uma alquimia complexa que vai além da simples técnica de impressão. É uma fusão cuidadosa de tecnologia, materiais de alta qualidade e técnicas de apresentação, resultando em reproduções que transcendem a mera cópia para se tornarem verdadeiras obras de arte, preservando a visão original do artista em cada detalhe.

Indiscutivelmente, a opção pela impressão ""Fine Art"" tornou-se um recurso primordial para artistas contemporâneos, impulsionando a busca por cores mais puras, acabamentos impecáveis e uma durabilidade estendida das obras. Essa técnica inovadora permite que os pigmentos se depositem de maneira precisa, em forma de pequenas gotas, sobre o papel ou a superfície escolhida para impressão, resultando em tramas, padrões e formas que se delineiam de maneira extraordinariamente definida.

O processo meticuloso envolvido na impressão "Fine Art" proporciona não apenas uma reprodução precisa da obra original, mas também confere um aspecto singular de autenticidade, assemelhando-se à complexidade e detalhamento presentes em reproduções manuais. Essa abordagem artística não só ressalta a qualidade da impressão, mas também realça a expressividade e o cuidado intrínseco envolvidos na criação da obra.

Além disso, um dos motivos preponderantes para a escolha da impressão "Fine Art" é a utilização de papel de algodão. Esse material não apenas oferece uma base resistente e durável, mas sua presença na composição da impressão contribui para uma longevidade notável. Em condições ideais de armazenamento, a impressão "Fine Art" em papel de algodão pode resistir ao teste do tempo, mantendo sua qualidade por mais de 150 anos.

Essa combinação de tecnologia avançada, cuidado na escolha de materiais e o respeito pela tradição artística resulta em obras que transcendem a mera representação visual. A impressão "Fine Art" não apenas reflete a maestria do artista, mas também responde à crescente demanda por obras que não apenas decorem espaços, mas que também contém histórias e emocionem quem as contempla.

Portanto, ao imprimir em "Fine Art", os artistas contemporâneos não apenas exploram as possibilidades da tecnologia moderna, mas também se conectam às raízes da produção artística, incorporando autenticidade, qualidade e durabilidade em cada obra. A impressão "Fine Art" emerge como um testemunho do compromisso com a excelência artística e a preservação das narrativas visuais para as gerações futuras.

5.8 A escolha do papel de impressão

A escolha do papel na impressão "Fine Art" é uma decisão crucial, influenciando diretamente na qualidade, durabilidade e apelo visual da obra. Diversos tipos de papel são especialmente desenvolvidos para a impressão a jato de tinta, proporcionando desempenho excepcional e alta resolução. Entre eles, destacam-se:

Papel Fotográfico de Alto Brilho:

Este papel é projetado especificamente para a impressão "Fine Art" a jato de tinta, proporcionando um desempenho excelente e alta resolução. Seu acabamento brilhante confere um alto brilho às imagens e é compatível com perfis de cores amplamente reconhecidos, como Adobe RGB 1998 e sRGB. Além disso, é resistente à água e desbotamento, apresentando uma durabilidade estimada de até 75 anos em condições ideais de armazenamento.

Papel de Algodão Photo Rag:

O papel de algodão Photo Rag é reconhecido por sua qualidade superior e resistência ao envelhecimento. Sua textura superficial lisa, fosca e sedosa o destaca como uma escolha premium. Com características que o colocam entre os melhores para esse tipo de trabalho, ele oferece uma experiência tátil única, combinada com durabilidade e qualidade de impressão notáveis.

Papel de Algodão Canvas:

Criado com o objetivo de reproduzir fielmente a textura de uma tela de pintura, o papel de algodão Canvas é confeccionado com materiais específicos. Sua textura de tecido, resistência à água e capacidade de ser estendido e montado sobre chassis de madeira o tornam uma escolha versátil. A possibilidade de escolher entre superfícies com brilho ou fosca proporciona uma variedade estética que se adequa a diferentes estilos artísticos.

Recomendações de Papéis "Fine Art":

Apesar da facilidade em compartilhar imagens digitalmente, imprimir uma fotografia real em papel "Fine Art" permanece incomparável. A sensação tátil, a capacidade de admirar e até presentear amigos com uma obra impressa são experiências únicas. No entanto, a escolha do papel é crucial, e nem todos são iguais.

Ilford Galerie Cotton Artist Textured:

Este papel texturizado, feito em molde de pano 100% algodão, pesando 310 GSM, proporciona uma experiência única. Sua superfície texturizada e semi-lisa confere uma sensação tradicional de aquarela, tornando-o ideal para fotos que desejam replicar a estética de pinturas tradicionais.

Hahnemuhle Photo Rag High Gloss Baryta:

Com densidade de 315 GSM, este papel brilhante 100% algodão incorpora sulfato de bário, permitindo a passagem excepcional de cores. Ideal para impressões de alto contraste e impacto visual, o Hahnemuhle Photo Rag Baryta fornece perfis ICC para download, possibilitando ajustes personalizados com base na configuração específica de impressora, tinta e papel.

Ao escolher o papel "Fine Art" adequado, os fotógrafos não apenas aprimoram a qualidade de suas impressões, mas também elevam suas obras a uma dimensão tátil e estética que enriquece a experiência do observador. A combinação de tecnologia avançada e materiais de alta qualidade reforça a importância de escolher o papel certo para ressaltar as melhores qualidades de cada fotografia.

Moab's Somerset Enhanced Velvet:

O Somerset Enhanced Velvet da Moab é uma escolha excepcional para quem busca papel 100% algodão, com uma gramatura robusta de 330 GSM e acabamento fosco. Enquanto papéis foscos geralmente apresentam uma faixa de cores mais restrita em comparação aos brilhantes, a Moab supera essa limitação com este produto inovador. Diferenciando-se de outros papéis fotográficos, o Somerset utiliza a própria superfície do papel para proporcionar uma profundidade de cor notável, rivalizando com papéis brilhantes.

Aliado aos perfis ICC da Moab, este papel oferece impressões que se aproximam da qualidade dos papéis brilhantes. Com um custo razoável, o Somerset Enhanced Velvet se destaca como a escolha ideal quando se busca o melhor papel artístico com acabamento fosco.

Hahnemuhle 300 GSM FineArt Baryta Satin Photo Paper:

O papel fotográfico FineArt Baryta Satin da Hahnemuhle, com gramatura de 300 GSM e acabamento brilhante, é uma opção notável feita de alfa-celulose. Distanciando-se dos papéis convencionais de celulose, ele atende aos padrões dos papéis "Fine Art" à base de algodão. Sua superfície de brilho acetinado torna-se uma escolha excelente para equilibrar as virtudes dos papéis brilhantes e foscos em uma única impressão, proporcionando flexibilidade ao artista.

Embora o custo possa ser ligeiramente superior, esse investimento adicional é justificado pelo acabamento brilhante que o papel oferece.

Innova Art Editions Etching Cotton Rag:

O papel Etching Cotton Rag da Innova Art, feito de 100% algodão de grão macio com gramatura de 315 GSM e acabamento fosco, destaca-se pela combinação única de textura fosca e excepcional densidade de cor. Ao contrário de muitos papéis foscos, o revestimento Innova permite que esse papel exiba cores com notável precisão, tornando-o uma excelente escolha para impressões coloridas. Se você busca um papel fosco que não comprometa a qualidade de cor, o Etching Cotton Rag da Innova é uma escolha incomparável, e sua acessibilidade adiciona um benefício adicional.

Moab Slickrock Metallic Pearl:

O Moab Slickrock Metallic Pearl, feito de 100% alfa-celulose com gramatura de 260 GSM e acabamento metálico, oferece uma abordagem distinta para as impressões "Fine Art". Apesar de sua leveza, comparável a capas de revistas típicas, esse papel metálico é ideal para retratar imagens com brilho, destacando especialmente cenários metálicos, carros, equipamentos industriais e joias. Sua superfície metálica adiciona um toque de modernidade e destaque visual, tornando-o a escolha certa para quem busca algo além dos acabamentos tradicionais.

Epson Exhibition:

O papel à base de fibra Epson Exhibition, com peso de 325 GSM e acabamento brilhante, destaca-se por sua excelente gama de cores e densidade máxima. Proporcionando pretos profundos e riqueza de cores, este papel oferece uma qualidade de imagem notável, superando muitos concorrentes. No entanto, é essencial considerar que o papel Exhibition incorpora agentes de branqueamento óptico (OBAs), contribuindo para sua notável performance. Este fator, embora beneficie a gama de cores, deve ser ponderado em relação à degradação potencial da qualidade da imagem ao longo do tempo. Com um preço acessível, o Epson Exhibition se destaca como uma escolha viável para impressões de alta qualidade, especialmente para projetos de curto a médio prazo.

Independentemente de suas necessidades específicas, existe um papel "Fine Art" adequado para cada propósito. Se você busca realçar metais ou objetos brilhantes, o Moab Slickrock Metallic Pearl é uma escolha brilhante. Para apresentações sob vidro, o Moab Somerset Enhanced Velvet é a opção ideal. Se a intenção é obter brilho e impacto visual, ou simplesmente o melhor papel de arte, a escolha dependerá das suas preferências pessoais e do projeto em questão. A diversidade de opções no mercado de papéis "Fine Art" oferece uma paleta rica para que artistas escolham o substrato perfeito para cada obra.

5.10. Molduras

Laminação de Alumínio e Moldura:

Essa opção refinada de emolduramento é um processo de duas etapas que eleva a apresentação de uma fotografia "Fine Art":

Na primeira etapa, após a impressão da fotografia em papel "Fine Art", ela é habilmente prensada em uma placa de alumínio autoadesiva por meio de um laminador profissional.

O rolo aplica uma pressão uniforme, colando a fotografia de maneira homogênea na placa.

A segunda etapa envolve a adição de uma moldura de alumínio à placa, criando um efeito flutuante quando a fotografia é pendurada na parede. Uma moldura de espessura variável é fixada na parte de trás da placa de alumínio, proporcionando um toque estético que altera o efeito visual quando pendurada. Essa solução é não apenas elegante, mas também oferece um efeito de sombra aprimorado em comparação com outras opções de enquadramento.

Enquadramento "Clássico":

Nesse método de emolduramento, a laminação é essencial para alcançar um acabamento perfeito. Além de garantir a integridade da fotografia e evitar danos ou enrolamento, a laminação pode ser feita em papelão ou chapa de alumínio. A fotografia é cuidadosamente posicionada em uma placa autoadesiva usando um laminador profissional, onde o rolo aplica pressão uniforme para fixar a imagem à placa.

O emoldurador, então, cria a moldura de madeira externa que circunda a placa e a fotografia. A espessura da moldura de madeira pode variar, proporcionando uma camada adicional de proteção à obra "Fine Art".

Moldura de Vidro Antirreflexo 'Clássica':

Nesse estilo de enquadramento, a laminação continua sendo uma etapa crucial. A fotografia é colocada em uma placa autoadesiva por meio de um laminador profissional, com o rolo aplicando pressão uniforme para fixar a imagem na placa. No entanto, essa moldura também incorpora uma folha de vidro antirreflexo sobre a fotografia para protegê-la.

É essencial utilizar vidro antirreflexo de qualidade de museu para preservar a integridade e a qualidade da imagem ao longo do tempo. Além do vidro de alta qualidade, essa moldura profissional apresenta um suporte que circunda a fotografia, criando uma estética refinada. Montagens feitas de folhas de material à base de papel, dispostas em tamanhos variados ao redor da imagem, adicionam profundidade à obra emoldurada.

Moldura de Caixa Americana:

Nesta opção de enquadramento, a primeira etapa continua sendo a laminação. O emoldurador acrescenta uma moldura à placa de alumínio. Semelhante à moldura de alumínio, esse método cria um efeito flutuante, graças à distância estratégica entre as bordas da fotografia e o quadro. Essa abordagem proporciona uma apresentação moderna e elegante, destacando a obra "Fine Art" de maneira única.

5.11. Impressora

Tecnologia e Cores Vibrantes

Quando se busca atender a exigências elevadas e garantir uma alta fidelidade nas cores, especialmente ao considerar a comercialização de obras "Fine Art", a escolha da impressora desempenha um papel crucial. As impressoras convencionais utilizam o modo CMYK para impressão, composto por Ciano, Magenta, Amarelo e Preto. No entanto, ao adentrar o mundo da "Fine Art", é comum a inclusão de cores adicionais, como Ciano claro, Magenta claro, até três tonalidades de Cinza e

Preto, e em alguns casos, cores mais incomuns como laranja e verde, dependendo do modelo de impressora.

As impressoras jato de tinta destacam-se nesse contexto, oferecendo uma gama expandida de cores e maior capacidade para representar graduações suaves. Com a possibilidade de utilizar vários cartuchos de tinta, as impressoras jato de tinta podem imprimir milhares de combinações de cores, proporcionando uma reprodução vibrante e realista das obras "Fine Art". No entanto, é importante observar que, para alcançar resultados fiéis a essa categoria artística, é aconselhável optar por equipamentos que empreguem no mínimo 6 cores, sendo ainda mais indicadas as impressoras que utilizam 12 cores.

A forma como a tinta é aplicada no papel é um fator determinante para o resultado, e é aqui que a tecnologia jato de tinta se destaca. Ao escolher impressoras com essa tecnologia, é possível obter benefícios significativos para as impressões "Fine Art". A tecnologia jato de tinta permite trabalhar com uma variedade de substratos, incluindo papéis de fibra de algodão, diversas gramaturas, texturas, papéis aquarela, canvas, tecidos e outros materiais, proporcionando versatilidade e adaptabilidade ao artista ou fotógrafo que busca expressar sua visão de maneira única e sofisticada.

5.12. Garanta a Excelência da Impressão "Fine Art"

A jornada de cuidados com uma obra "Fine Art" inicia-se muito antes do processo de impressão, estendendo-se desde a concepção da ideia até as configurações da câmera e, finalmente, culminando no processo final de impressão.

Abaixo, destacam-se alguns pontos cruciais que merecem atenção:

Configurações de Câmera para "Fine Art":

Embora a arte não tenha regras estritas, a qualidade da obra pode ser um diferencial significativo, especialmente quando se busca agradar a um público mais exigente. Fotografar no modo RAW, equivalente ao negativo digital, é uma prática recomendada. Essa escolha aumenta o alcance dinâmico durante a pós-edição, proporcionando ao artista uma amplitude maior de possibilidades criativas na elaboração de sua obra.

Boas Práticas para "Fine Art":

A impressão "Fine Art" demanda cuidados específicos para reduzir os riscos de deterioração ao longo do tempo, considerando aspectos como manuseio, transporte, armazenamento e exposição. A durabilidade de uma obra "Fine Art" pode ultrapassar 200 anos, desde que observadas normas rigorosas de conservação. Alguns desses cuidados incluem:

- Proteção contra Elementos Naturais: Evite exposição direta ao sol, água ou umidade excessiva, pois esses elementos podem comprometer a integridade da obra ao longo do tempo.
- Manuseio Cauteloso: Ao manusear a obra, use luvas limpas e sem fiapos para evitar danos causados pelo toque direto das mãos.
- Transporte Seguro: Se necessário transportar a obra, certifique-se de embalá-la adequadamente, protegendo-a contra impactos e variações climáticas.

- Armazenamento Adequado: Guarde a obra em locais livres de umidade, longe de fontes de luz intensa e em temperatura estável.
- Limpeza Consciente: Para a limpeza da obra, utilize um pano macio, sem fiapos, mantendo a delicadeza da superfície.

Adotando essas práticas desde a concepção até a manutenção da obra, os artistas podem assegurar que suas criações "Fine Art" permaneçam extraordinárias e resistentes ao longo do tempo.

5.13. Estratégias para divulgar o seu portifólio

Estratégias Abrangentes para Divulgar e Vender seu Portfólio de Fotos "Fine Art"

A divulgação eficaz do seu portfólio de fotos "Fine Art" é crucial para alcançar o reconhecimento e o sucesso no mercado. Aqui estão algumas estratégias e considerações ampliadas:

1. Networking Estratégico:

Inicie compartilhando seu trabalho entre amigos, colegas e profissionais que possam abrir portas neste nicho. Como mencionado anteriormente em "O Mercado para Quadros "Fine Art"", estabelecer conexões com pessoas que já atuam nesse mercado pode ser valioso. Utilize seu perfil profissional ou crie uma conta dedicada nas redes sociais exclusivamente para seus projetos "Fine Art".

Ampliação: Explore eventos e encontros relacionados à arte e à fotografia, ampliando ainda mais seu networking.

Participe de exposições, feiras ou workshops para estabelecer conexões diretas e indiretas no cenário artístico.

2. Construção de Identidade:

Defina claramente como deseja ser reconhecido no mercado de "Fine Art". Mesmo sendo um território pouco explorado, este setor possui um potencial considerável. Desenvolva uma identidade única e coerente para suas obras, refletindo sua visão artística de forma consistente.

Ampliação: Considere criar uma marca pessoal que transmita seus valores artísticos. Desenvolva uma assinatura única em suas obras, algo que as torne instantaneamente reconhecíveis.

3. Presença Online Profissional:

Um site profissional é uma ferramenta fundamental para a divulgação eficaz. Certifique-se de que o site seja otimizado para motores de busca, facilitando a descoberta por potenciais interessados. Inclua uma loja online integrada para simplificar a compra de suas obras.

Ampliação: Utilize técnicas de SEO para garantir que seu site seja facilmente encontrado por quem procura arte "Fine Art" online. Atualize regularmente o conteúdo do site com novas obras e informações relevantes.

5.14. Onde Vender "Fine Art"

Além da divulgação, ter uma plataforma online é essencial para concretizar vendas e expandir seu alcance.

1. Site Profissional com Loja Virtual:

Ter um site profissional não só transmite credibilidade, mas também oferece uma plataforma central para exibir e vender suas obras. Uma loja virtual integrada facilita o processo de compra para seus clientes.

Ampliação: Invista em um design atraente e intuitivo para o seu site. Considere oferecer informações detalhadas sobre cada obra, incluindo sua inspiração, técnica e significado.

2. Redes Sociais Especializadas:

Além das redes sociais tradicionais, considere explorar plataformas especializadas em arte e fotografia, como Instagram e Pinterest, para divulgar seu trabalho.

Ampliação: Interaja com a comunidade artística nessas plataformas, participe de desafios e use hashtags relevantes para aumentar a visibilidade de suas obras.

3. Marketplaces de Arte Online:

Considere a inclusão em marketplaces de arte online, onde compradores em potencial buscam obras exclusivas para adquirir.

Ampliação: Pesquise e escolha marketplaces que estejam alinhados com seu estilo artístico e objetivos comerciais. Mantenha-se ativo nessas plataformas para promover suas obras de maneira contínua.

Ao implementar essas estratégias, você posicionará seu trabalho "Fine Art" de maneira eficaz no mercado, maximizando as oportunidades de divulgação e vendas.

5.15. Processo completo para impressão "Fine Art"

A jornada de criar e imprimir quadros "Fine Art" é uma experiência gratificante que vai além da simples produção de uma obra. Agora que você compreende que a trajetória inicia-se na idealização e se estende até a materialização, é hora de mergulhar mais fundo no processo e descobrir o que torna cada etapa única e essencial.

1. Idealização Artística:

A primeira fase envolve a idealização artística da obra "Fine Art". Isso vai muito além da escolha de uma imagem ou tema; trata-se de capturar uma emoção, conceito ou ideia por meio da fotografia. A atenção aos detalhes e a conexão emocional com o tema são fundamentais nesse estágio, proporcionando uma base sólida para a expressão artística.

Ampliação: Considere explorar diferentes estilos artísticos, técnicas e temas ao conceber suas obras. Experimente inovar e transpor fronteiras criativas para criar algo verdadeiramente único.

2. Processo de Captura e Pós-Produção:

A qualidade da captura fotográfica desempenha um papel crucial na produção de quadros "Fine Art". Optar por fotografar em modo RAW amplia as possibilidades de edição, permitindo ajustes detalhados e aprimoramento da imagem. A pós-produção torna-se uma extensão da expressão artística, onde cada ajuste contribui para a narrativa visual da obra.

Ampliação: Experimente diferentes técnicas de pós-produção, explore ajustes de cor, contraste e textura para aprimorar a atmosfera da sua obra.

3. Seleção Cuidadosa dos Materiais:

A escolha dos materiais é crucial para garantir que a impressão final corresponda às expectativas de uma verdadeira obra "Fine Art". Desde a seleção do papel até as tintas utilizadas, cada elemento contribui para a qualidade e durabilidade da impressão.

Ampliação: Explore diferentes tipos de papel "Fine Art", considerando texturas, gramaturas e acabamentos. Entenda as características de cada opção para escolher aquela que melhor complementa a sua visão artística.

4. Técnica de Impressão "Fine Art":

O processo de impressão "Fine Art" envolve o uso de impressoras específicas que oferecem uma ampla gama de cores, permitindo uma reprodução fiel da obra. A tecnologia jato de tinta é comumente empregada devido à sua capacidade de lidar com papéis variados e proporcionar resultados excepcionais.

Ampliação: Familiarize-se com as nuances da técnica de impressão "Fine Art". Experimente diferentes configurações e ajustes para aprimorar a qualidade e a singularidade de cada impressão.

5. Molduras e Acabamentos:

O cuidado na escolha das molduras é uma extensão vital do processo. Cada tipo de moldura – seja de alumínio, madeira ou vidro antirreflexo – adiciona um elemento estético à obra, complementando sua apresentação visual. O acabamento cuidadoso garante que a obra seja preservada e exibida da melhor forma possível.

Ampliação: Explore diferentes estilos de molduras para determinar aquelas que se alinham melhor à estética da sua obra. Considere personalizar molduras para uma apresentação verdadeiramente única.

Ao seguir cada passo desse processo expandido, você estará mais preparado para imprimir seus Quadros "Fine Art", garantindo não apenas uma reprodução visualmente impressionante, mas também uma experiência artística completa e significativa. Agora, o desafio é transformar sua visão em realidade e compartilhar suas criações com o mundo.

Módulo 6
Ferramentas de IA para Fotos Digitais

6.1 A fotografia digital vs IA

Nos nossos comentários anteriores, não falamos de ferramentas de criação, melhoramentos, retoques, filtros ou de recuperação de fotos antigas. O motivo, é que no passado isso era feito em programas de computador elaborados para essa finalidade. O PhotoShop, o mais famoso deles, foi no passado e ainda é o mais utilizado até os dias atuais para o melhoramento de fotos digitais.

Entretanto, para o novato em fotografia, as IA (Inteligências Artificial) parece ser a solução perfeita. Fácil de trabalhar e propõem fazer aquilo que o PhotoShop poderia fazer demorando horas ou mesmo dia de trabalho, sem contar que o usuário precisava dominar profundamente o software. Atualmente as IA podem manipular a fotografia digital, analisando as fotos capturadas, processando-as e aprimorando-as. É importante entender como a IA estar moldando o campo da fotografia e de que forma elas podem melhorar a sua foto. Coloquei abaixo uma pequena lista das melhorias que as IA podem fazer na sua fotografia:

1. Qualidade da imagem

Algoritmos de IA podem melhorar significativamente a qualidade da imagem reduzindo ruído, aguçando detalhes e melhorando a precisão das cores. Esses aprimoramentos permitem que os fotógrafos produzam imagens de alta qualidade mesmo em condições desafiadoras, como cenas com pouca luz ou alta faixa dinâmica.

2. Edição automatizada

Softwares orientados por IA podem editar fotos automaticamente ajustando brilho, contraste, saturação e outros parâmetros. Ferramentas como Adobe Photoshop e Lightroom usam IA para fornecer sugestões de melhorias ou até mesmo automatizar completamente o processo de edição, economizando tempo dos fotógrafos e garantindo consistência entre as imagens.

3. Reconhecimento e marcação de objetos

A IA pode analisar imagens para reconhecer objetos, pessoas e até mesmo locais, facilitando a organização e a busca em grandes bibliotecas de fotos. Esse recurso é particularmente útil para fotógrafos profissionais que gerenciam milhares de imagens e precisam de maneiras eficientes de categorizá-las e recuperá-las.

4. Criação e aprimoramento de conteúdo

A IA pode gerar ou aprimorar conteúdo visual, como preencher partes faltantes de uma imagem (inpainting) ou criar elementos inteiramente novos com base em padrões existentes. Essa capacidade abre novas possibilidades criativas para fotógrafos e designers gráficos.

5. Foco e exposição aprimorados

A IA ajuda em tempo real durante o processo de tirar fotos, otimizando as configurações de foco e exposição. Câmeras com recursos de IA podem detectar rostos, rastrear objetos em movimento e ajustar as configurações rapidamente para garantir a melhor foto possível.

6. Câmeras e smartphones com inteligência artificial

Os smartphones e câmeras modernos dependem cada vez mais da IA para melhorar a fotografia. Recursos como modo retrato, modo noturno e até mesmo dicas de composição guiadas por IA estão se tornando padrão, permitindo que até fotógrafos amadores capturem imagens com qualidade profissional.

7. Restauração e Upscaling

Ferramentas de IA podem restaurar fotografias antigas ou danificadas preenchendo detalhes faltantes e ampliando imagens para resoluções mais altas sem perder qualidade. Isso é particularmente valioso para preservar imagens históricas ou melhorar a resolução de fotos digitais para impressão.

8. Filtros e efeitos personalizados

A IA permite a criação de filtros e efeitos personalizados que se adaptam às preferências individuais. Seja criando um estilo único para mídias sociais ou replicando um visual específico em uma série de fotos, a IA facilita a obtenção de resultados consistentes e personalizados.

9. Considerações éticas

À medida que a IA se torna mais integrada à fotografia, ela levanta questões éticas sobre autenticidade e manipulação. Os fotógrafos devem considerar o quanto de aprimoramento ou alteração de IA é aceitável, especialmente em contextos como jornalismo, onde a precisão é crucial.

As ferramentas de IA são inestimáveis na fotografia digital, fornecendo recursos poderosos que aumentam a criatividade, simplificam os fluxos de trabalho e melhoram a qualidade da imagem. Elas capacitam fotógrafos amadores e profissionais a ultrapassarem os limites do que é possível, ao mesmo tempo em que introduzem novas considerações sobre a ética da manipulação de fotos.

Segue abaixo uma lista das principais ferramentas de IA disponíveis no mercado que podem ser usadas, de alguma forma, em trabalhos fotográficos. Lembre-se que esta lista pode evoluir rapidamente e novas ferramentas vão aparecer todas as semanas.

6.2. ChatGPT:

O ChatGPT é uma ferramenta avançada de inteligência artificial desenvolvida pela OpenAI. Ele é baseado na arquitetura GPT (Generative Pre-trained Transformer), uma tecnologia de ponta que utiliza redes neurais profundas para gerar texto de forma coerente e relevante.

A versão atual do ChatGPT, a 4.0+, representa um avanço significativo em relação às versões anteriores. Ele é capaz de compreender e gerar texto em diversos idiomas, incluindo o português, com uma fluência e naturalidade notáveis. Além disso, o ChatGPT possui uma compreensão mais profunda do contexto, o que lhe permite fornecer respostas mais precisas e relevantes para uma ampla variedade de perguntas e solicitações.

Uma das características mais impressionantes do ChatGPT é a sua capacidade de gerar textos longos e coesos, que podem variar desde respostas simples até textos complexos e detalhados sobre uma ampla gama de tópicos. Ele pode ser utilizado em uma variedade de contextos, desde assistência virtual em sites até a criação de conteúdo para mídias sociais, redação de artigos e muito mais.

Além disso, o ChatGPT pode ser personalizado e ajustado para atender às necessidades específicas de diferentes usuários e aplicações. Isso o torna uma ferramenta versátil e poderosa para uma ampla variedade de usos, desde assistência ao cliente até pesquisa e desenvolvimento de produtos.

Em resumo, o ChatGPT representa o estado da arte em inteligência artificial aplicada à geração de texto, oferecendo uma combinação única de fluência, precisão e capacidade de compreensão contextual.

6.3. AIPRM: Ferramenta da OpenAI

A sigla "AIPRM" representa "Análise de Impacto na Privacidade e Proteção de Dados". Esta é uma ferramenta utilizada para avaliar e analisar os potenciais impactos na privacidade e na proteção de dados decorrentes de determinadas atividades, processos, sistemas ou tecnologias.

A AIPRM geralmente é empregada por organizações, empresas ou entidades que lidam com dados sensíveis ou pessoais, especialmente aquelas que estão sujeitas a regulamentações rigorosas de privacidade, como o Regulamento Geral de Proteção de Dados (GDPR) da União Europeia. Através da análise de impacto na privacidade, é possível identificar riscos à privacidade e adotar medidas adequadas para mitigar esses riscos, garantindo assim o cumprimento das normas de proteção de dados.

Essa ferramenta envolve uma avaliação detalhada dos processos de coleta, armazenamento, processamento e compartilhamento de dados, bem como a identificação de possíveis vulnerabilidades ou ameaças à privacidade dos indivíduos cujos dados estão sendo tratados. Com base nessa análise, são desenvolvidas estratégias e políticas para minimizar os riscos e proteger a privacidade dos dados de acordo com as exigências legais e éticas.

6.4. DALL-E: Ferramenta de IA da OpenAI

DALL-E é uma poderosa ferramenta de inteligência artificial desenvolvida pela OpenAI, capaz de gerar imagens realistas a partir de descrições textuais. Seu nome é uma junção dos nomes do pintor surrealista Salvador Dalí e do robô Wall-E. DALL-E é uma extensão do modelo GPT, que foi treinado especificamente para gerar imagens a partir de textos descritivos.

Essa ferramenta revolucionária utiliza uma abordagem conhecida como "aprendizado por máquina condicional", onde a rede neural é treinada para entender a relação entre o texto e as imagens correspondentes. Com base nesse treinamento, DALL-E é capaz de interpretar uma variedade de descrições textuais e criar imagens que correspondam a essas descrições, indo desde objetos comuns até conceitos mais abstratos e imaginativos.

Por exemplo, se você descrever uma "girafa amarela usando óculos de sol", DALL-E pode gerar uma imagem que represente exatamente essa descrição. A ferramenta é capaz de produzir uma ampla gama de estilos e estéticas, desde imagens realistas até ilustrações mais estilizadas e fantasiosas.

DALL-E tem uma variedade de aplicações potenciais em design gráfico, criação de conteúdo digital, desenvolvimento de jogos, entre outros campos criativos. Sua capacidade de transformar descrições textuais em imagens realistas e detalhadas representa um avanço significativo na interseção entre linguagem natural e geração de imagens por inteligência artificial.

Site oficial: https://chat.openai.com/

6.5. Pinpoint (Google):

O Pinpoint é uma ferramenta de pesquisa inovadora desenvolvida pelo Google para auxiliar jornalistas e acadêmicos na exploração e análise de grandes coleções de documentos. A ferramenta permite o upload e a pesquisa de milhares de documentos, imagens, emails, anotações manuscritas e arquivos de áudio, buscando por palavras, frases, locais, organizações e pessoas.

Funcionalidades:

- Pesquisa avançada: O Pinpoint oferece recursos de pesquisa avançada para encontrar informações específicas em grandes conjuntos de dados.
- Reconhecimento ótico de caracteres (OCR): A ferramenta utiliza OCR para extrair texto de imagens e arquivos PDF, permitindo a pesquisa por palavras em documentos digitalizados.

- Conversão de voz para texto: O Pinpoint converte arquivos de áudio em texto, possibilitando a pesquisa por palavras faladas em entrevistas, palestras e outros conteúdos audiovisuais.
- Visualização de documentos: A ferramenta oferece uma interface intuitiva para visualizar documentos, incluindo imagens e arquivos de áudio, facilitando a análise do conteúdo.
- Filtros e agrupamentos: O Pinpoint permite filtrar e agrupar documentos por diversos critérios, como data, autor, local e organização, auxiliando na organização e análise dos dados.
- Exportação de resultados: A ferramenta permite exportar os resultados da pesquisa para diversos formatos, como PDF, CSV e JSON, facilitando o compartilhamento e a análise dos dados.

Aplicações:

- Jornalismo: O Pinpoint pode ser usado por jornalistas para investigar histórias, encontrar fontes e verificar informações em grandes volumes de documentos, como emails, vazamentos de dados e arquivos históricos.
- Pesquisa acadêmica: A ferramenta pode ser utilizada por acadêmicos para analisar dados de pesquisa, como entrevistas, transcrições de audiovisuais e documentos históricos, em diversas áreas de estudo.
- Investigações: O Pinpoint pode auxiliar em investigações forenses e jurídicas, permitindo a busca e análise de documentos, imagens e arquivos de áudio como provas e pistas.

- Trabalho com documentos: A ferramenta pode ser utilizada por profissionais de diversas áreas para organizar, analisar e compartilhar grandes volumes de documentos, como contratos, relatórios e emails.

Benefícios:

- Eficiência: O Pinpoint agiliza a pesquisa e análise de grandes coleções de documentos, economizando tempo e esforço.
- Precisão: A ferramenta oferece recursos avançados de pesquisa para encontrar informações precisas e relevantes.
- Organização: O Pinpoint facilita a organização e o gerenciamento de grandes volumes de documentos.
- Acessibilidade: A ferramenta torna o conteúdo de documentos mais acessível para pessoas com deficiência visual ou auditiva.
- Colaboração: O Pinpoint permite o compartilhamento de resultados e a colaboração entre diferentes usuários.

Limitações:

- Tamanho dos arquivos: O Pinpoint possui um limite de tamanho para os arquivos que podem ser uploaded.
- Idiomas: A ferramenta ainda não oferece suporte para todos os idiomas.
- Disponibilidade: O Pinpoint ainda não está disponível para o público em geral.

Para saber mais:

Site oficial: https://journaliststudio.google.com/pinpoint/about

O Pinpoint é uma ferramenta inovadora com grande potencial para transformar a forma como jornalistas, acadêmicos e outros profissionais trabalham com grandes coleções de documentos. A ferramenta oferece recursos avançados de pesquisa, análise e organização, tornando o processo de pesquisa mais eficiente, preciso e acessível.

Observação: O Pinpoint ainda está em desenvolvimento e suas funcionalidades podem ser aprimoradas com o tempo. A Google está constantemente buscando feedback dos usuários para melhorar a ferramenta e atender às suas necessidades.

6.6. Voice In: Extensão para Chrome

A extensão Voice In para o Chrome é uma ferramenta que permite aos usuários navegarem na internet e interagir com páginas da web usando comandos de voz. Com essa extensão, os usuários podem realizar várias tarefas, como abrir páginas, fazer pesquisas, preencher formulários e até mesmo navegar por menus, tudo apenas falando com o navegador.

Essa extensão utiliza tecnologia de reconhecimento de voz para entender os comandos dos usuários e convertê-los em ações dentro do navegador. Ela é especialmente útil para pessoas com dificuldades motoras ou deficiências visuais, pois oferece uma forma alternativa e mais acessível de interagir com a internet.

Além disso, a extensão Voice In pode ser personalizada para se adequar às preferências e necessidades de cada usuário, permitindo a configuração de comandos específicos e ajustes de reconhecimento de voz.

Em resumo, a extensão Voice In para o Chrome torna a experiência de navegação na web mais fácil, conveniente e acessível para todos os usuários, ao permitir que eles controlem o navegador usando apenas a voz.

6.7. Google Gemini

O Google Bard é um modelo de linguagem de inteligência artificial (IA) desenvolvido pelo Google AI. Ele funciona através de um processo chamado aprendizado de máquina, que envolve o treinamento do modelo em um enorme conjunto de dados de texto e código. Este conjunto de dados inclui:

- Livros, artigos e outras formas de texto escrito
- Código de diferentes linguagens de programação
- Diálogos de conversas reais

Ao analisar esses dados, o Bard aprende a identificar padrões e regras que regem a linguagem humana. Isso permite que ele gere texto, traduza idiomas, escreva diferentes tipos de conteúdo criativo e responda às suas perguntas de forma informativa.

6.8. Ideogram - Geração de imagens com AI

O Ideogram é uma ferramenta de inteligência artificial (IA) que permite a criação de imagens personalizadas a partir de descrições textuais. É uma ferramenta inovadora que abre um mundo de possibilidades criativas para designers, artistas e qualquer pessoa que queira criar imagens impactantes.

Aqui estão alguns dos principais recursos do Ideogram:

- Criação de imagens a partir de texto: Basta digitar uma descrição da imagem que você deseja e o Ideogram usará IA para gerar diversas opções de imagens que correspondem à sua descrição.
- Edição de imagens: Você pode editar as imagens geradas pelo Ideogram para personalizá-las ainda mais.
- Variedade de estilos: O Ideogram oferece uma variedade de estilos de imagens para você escolher, incluindo realistas, abstratos, cartoonizados e muito mais.

Uso gratuito: O Ideogram é uma ferramenta gratuita que você pode usar para criar quantas imagens quiser.

O Ideogram é uma ferramenta poderosa que pode ser usada para uma variedade de propósitos, como:

- Criar logotipos e outros materiais de marketing.
- Desenvolver ilustrações para livros, artigos e outros projetos.
- Gerar imagens para apresentações e slides.
- Criar conteúdo para redes sociais.
- Expressar sua criatividade de forma visual.

Se você está procurando uma ferramenta de IA que possa ajudá-lo a criar imagens incríveis, o Ideogram é uma ótima opção.

Aqui estão alguns exemplos de como o Ideogram pode ser usado:

- Um designer gráfico pode usar o Ideogram para criar logotipos para seus clientes.
- Um ilustrador pode usar o Ideogram para criar ilustrações para um livro infantil.
- Um professor pode usar o Ideogram para criar apresentações para seus alunos.
- Um influenciador digital pode usar o Ideogram para criar conteúdo para suas redes sociais.

O Ideogram é uma ferramenta versátil que pode ser usada por qualquer pessoa que queira criar imagens impactantes.

Site oficial: https://ideogram.ai/

6.9. 123 Apps: Ferramentas de IA para o dia a dia

123 Apps é um site que oferece uma variedade de ferramentas de inteligência artificial (IA) que podem ser usadas para realizar diversas tarefas, desde edição de fotos e vídeos até criação de conteúdo e conversão de arquivos.

Algumas das ferramentas mais populares do 123 Apps incluem:

- Editor de Fotos: Permite editar fotos, adicionar filtros e efeitos, e criar colagens.
- Editor de Vídeos: Permite editar vídeos, adicionar música e texto, e criar apresentações de slides.
- Conversor de Texto para Fala: Permite converter texto em fala, o que pode ser útil para criar audiobooks ou apresentações.

- Conversor de Áudio para Texto: Permite converter áudio em texto, o que pode ser útil para transcrever entrevistas ou palestras.
- Removedor de Fundo: Permite remover o fundo de fotos, o que pode ser útil para criar imagens transparentes.
- Criador de Logotipo: Permite criar logotipos personalizados.
- Criador de Cartão de Visita: Permite criar cartões de visita personalizados.
- Criador de Banner: Permite criar banners personalizados.

Todas as ferramentas do 123 Apps são gratuitas para usar, mas há uma versão premium que oferece recursos adicionais, como a capacidade de baixar imagens em alta resolução e remover anúncios.

O 123 Apps é uma ferramenta poderosa que pode ser usada por qualquer pessoa que queira realizar tarefas de forma rápida e fácil. É uma ótima opção para quem não tem experiência com edição de fotos ou vídeos, ou para quem não tem tempo para aprender a usar softwares mais complexos.

Aqui estão alguns exemplos de como o 123 Apps pode ser usado:

- Editar fotos de férias para torná-las mais atraentes.
- Criar um vídeo para uma apresentação de negócios.
- Converter um texto em áudio para ouvir em um dispositivo móvel.
- Transcrever uma entrevista para um artigo.

- Remover o fundo de uma foto para usá-la em um site ou blog.
- Criar um logotipo para uma nova empresa.
- Criar um cartão de visita para um profissional.
- Criar um banner para um site ou blog.

O 123 Apps é uma ferramenta versátil que pode ser usada para uma variedade de propósitos. Se você está procurando uma maneira fácil de realizar tarefas de edição de fotos e vídeos, ou se você precisa criar conteúdo para seu site ou blog, o 123 Apps é uma ótima opção.

Site oficial em https://123apps.com/: https://123apps.com/.

6.10. Leonardo AI - Geração de imagens com IA

A Leonardo AI é uma ferramenta de inteligência artificial (IA) focada principalmente na criação de imagens a partir de descrições textuais. É uma alternativa popular a outras ferramentas como Midjourney e DALL-E 2, oferecendo diversos recursos e planos para atender a diferentes necessidades.

Aqui estão os principais destaques da Leonardo AI:

- Criação de imagens com base em texto: Basta descrever a imagem desejada usando texto simples e o Leonardo AI gera diversas interpretações visuais.
- Ampla variedade de estilos: Escolha entre estilos diferentes, como realista, cartonizado, pintura a óleo, pixel art e muito mais.

- Controle preciso sobre a composição: Ajuste elementos como layout, cores, iluminação e profundidade para personalizar suas imagens.
- Iteração rápida e fácil: Experimente com diferentes descrições e ajustes para refinar os resultados até obter a imagem perfeita.
- Comunidade ativa: Conecte-se com outros usuários, inspire-se com galerias de arte gerada por IA e compartilhe suas próprias criações.

Além disso, a Leonardo AI oferece:

- AI Canvas: Uma ferramenta avançada para edição precisa de imagens geradas, permitindo aplicar pincéis, camadas e efeitos personalizados.
- 3D Texture Generation: Crie texturas personalizadas para modelos 3D, expandindo as possibilidades de design.
- Integração com plataformas criativas: Conecte-se com apps como Figma, Photoshop e Unreal Engine para usar suas imagens diretamente em seus projetos.

A Leonardo AI possui planos gratuitos e pagos:

- Plano gratuito: Acesso limitado a recursos básicos, ideal para experimentar a ferramenta.
- Planos pagos: Oferecem recursos avançados como resolução mais alta, processamento prioritário, armazenamento em nuvem e acesso a estilos exclusivos.

A Leonardo AI pode ser utilizada por:

- Artistas: Explorar ideias, criar esboços iniciais, gerar variações de um conceito artístico.
- Designers gráficos: Criar designs de logotipos, banners, ilustrações e mockups rapidamente.
- Gamers e desenvolvedores: Gerar texturas e cenários para jogos 3D.
- Profissionais de marketing: Criar conteúdo visual personalizado para campanhas promocionais.
- Qualquer pessoa com imaginação: Divertir-se explorando as possibilidades visuais da IA.

Site oficial em https://leonardo.ai/:

6.11. Vectorizer AI - Gere imagens e ícones

Vectorizer AI é uma ferramenta online que permite converter imagens raster (como PNGs, JPGs) em imagens vetoriais (como SVGs). As imagens vetoriais são compostas de caminhos matemáticos em vez de pixels, o que significa que podem ser dimensionadas infinitamente sem perder qualidade. Isso os torna ideais para uso em design gráfico, impressão e outras aplicações onde a alta resolução é importante.

Aqui estão alguns dos principais recursos do Vectorizer AI:

- Fácil de usar: basta enviar sua imagem e clicar no botão "Converter".
- Suporta uma variedade de formatos de arquivo: PNG, JPG, BMP, GIF, TIFF.

- Resultados de alta qualidade: Vectorizer AI usa algoritmos avançados para produzir imagens vetoriais precisas e limpas.
- Múltiplas opções de saída: você pode optar por baixar sua imagem vetorial em formato SVG, EPS ou PDF.
- Uso gratuito: você pode converter até 10 imagens por mês gratuitamente. Existem também planos pagos com limites mais elevados e recursos adicionais.

6.12. Upscayl: Aumente a qualidade de suas imagens

"Upscayl" é uma ferramenta online inovadora que utiliza inteligência artificial (IA) para aumentar a resolução de imagens e vídeos. O serviço é ideal para melhorar a qualidade de fotos antigas, vídeos de baixa resolução e qualquer outro tipo de imagem que você queira ampliar sem perder qualidade.

Como funciona?

1. Carregue sua imagem ou vídeo: Basta enviar sua imagem ou vídeo para o site "Upscayl" ou usar a integração com Dropbox ou Google Drive.

2. IA em ação: A ferramenta usa IA de última geração para analisar a imagem ou vídeo e adicionar detalhes realistas, aumentando a resolução sem distorcer a qualidade.

3. Download da imagem ou vídeo aprimorado: Baixe sua imagem ou vídeo aprimorado e pronto para uso.

Funcionalidades:

- Aumento de resolução: Aumenta a resolução de imagens e vídeos sem perder qualidade, ideal para ampliar fotos antigas e vídeos de baixa resolução.
- Super-resolução: Aumenta a resolução de imagens em até 4x, utilizando técnicas avançadas de IA para adicionar detalhes realistas.
- Redução de ruído: Remove ruídos e imperfeições da imagem, como granulação e manchas, para um resultado mais limpo e nítido.
- Correção de cores: Ajusta as cores da imagem para um resultado mais vibrante e natural.
- Aprimoramento de detalhes: Realça detalhes da imagem, como texturas e bordas, para um resultado mais realista.
- Edição básica: Permite realizar cortes, rotações e ajustes de brilho e contraste na imagem.

Aplicações:

- Fotografia: Melhore a qualidade de suas fotos antigas, ampliando-as sem perder detalhes.
- Vídeos: Aumente a resolução de seus vídeos de baixa resolução para uma melhor experiência visual.
- Design: Crie imagens de alta resolução para seus projetos gráficos e websites.
- Impressão: Garanta impressões de alta qualidade com imagens em alta resolução.
- Negócios: Utilize imagens e vídeos de alta qualidade em seus materiais de marketing e apresentações.

Benefícios:

- Melhora a qualidade de imagens e vídeos: A IA garante um resultado profissional e de alta qualidade.
- Economiza tempo e esforço: A ferramenta automatiza o processo de edição de imagens e vídeos, liberando você para outras tarefas.
- Facilita o compartilhamento: As imagens e vídeos aprimorados são mais fáceis de compartilhar online.
- Torna imagens e vídeos mais acessíveis: A ferramenta oferece recursos de acessibilidade para pessoas com deficiência visual.

Limitações:

- A qualidade do resultado depende da qualidade da imagem ou vídeo original: A IA não pode fazer milagres com imagens ou vídeos de baixa qualidade.
- A ferramenta está em constante desenvolvimento: Novas funcionalidades e idiomas estão sendo adicionados regularmente.

"Upscayl" é uma ferramenta de IA poderosa que oferece uma maneira fácil e rápida de melhorar a qualidade de suas imagens e vídeos. Com sua interface intuitiva e recursos avançados, a ferramenta é ideal para qualquer pessoa que queira obter o melhor de seus conteúdos visuais.

6.13. Midjourney: Imagens Criadas por IA

O Midjourney é uma ferramenta de inteligência artificial que permite aos usuários gerarem imagens impressionantes a partir de descrições textuais. Imagine poder descrever qualquer cena, objeto ou estilo artístico e ver essa ideia se transformar em uma imagem visualmente rica e detalhada. É como ter um artista pessoal que interpreta seus pensamentos e os transforma em arte digital.

Como funciona:

1. Descrição Textual: Você começa digitando uma descrição detalhada da imagem que deseja criar. Quanto mais específica e descritiva for sua descrição, melhor será o resultado final.

2. Processamento: O Midjourney utiliza algoritmos de aprendizado profundo para analisar sua descrição e gerar várias opções de imagens.

3. Iteração: Você pode refinar as imagens geradas, fornecendo feedback ao algoritmo e solicitando variações ou melhorias.

Por que o Midjourney é tão popular?

- Criatividade sem limites: As possibilidades são infinitas. Você pode criar paisagens fantásticas, retratos hiperrealistas, ilustrações no estilo de artistas famosos e muito mais.

- Facilidade de uso: A interface do Midjourney é intuitiva, permitindo que usuários com diferentes níveis de conhecimento técnico criem imagens incríveis.

- Comunidade ativa: A comunidade do Midjourney é vibrante e colaborativa, compartilhando dicas, tutoriais e criações inspiradoras.

Aplicações do Midjourney:

- Arte e design: Criação de conceitos para projetos de design, geração de ilustrações para livros e revistas, desenvolvimento de personagens para jogos e animações.

- Marketing e publicidade: Criação de imagens para campanhas publicitárias, design de logos e materiais de marketing.

- Educação: Visualização de conceitos científicos, criação de materiais didáticos e desenvolvimento de simulações.

Exemplo de um prompt:

"Uma pintura a óleo de um gato astronauta explorando Marte, estilo Van Gogh, com cores vibrantes e pinceladas expressivas."

Algumas dicas para usar o Midjourney:

- Seja específico: Quanto mais detalhes você fornecer, melhor será o resultado.

- Experimente diferentes estilos: Explore diferentes artistas e movimentos artísticos para encontrar o estilo que mais te agrada.

- Utilize modificadores: Palavras como "ultra detalhado", "foto realista" ou "estilo anime" podem influenciar o resultado.

- Seja paciente: Às vezes, pode ser necessário ajustar sua descrição várias vezes para obter o resultado desejado.

A minha IA preferida:

O Midjourney é uma ferramenta poderosa que democratiza o processo criativo, permitindo que qualquer pessoa possa gerar imagens incríveis. Se você é um artista, designer, escritor ou simplesmente alguém que gosta de explorar a sua criatividade, o Midjourney vale a pena conhecer.

CONCLUSÃO

Ao longo deste livro, exploramos o fascinante mundo da fotografia digital, um campo que, apesar de constantemente evoluir, mantém um princípio básico: a captura de momentos únicos e significativos. Desde os conceitos fundamentais, passando pelas técnicas avançadas, até a pós-produção, abordamos as ferramentas e o conhecimento necessários para transformar ideias em imagens que contam histórias.

A fotografia digital democratizou a arte de capturar o mundo ao nosso redor, oferecendo a todos a oportunidade de expressar sua criatividade de maneira acessível e impactante. Hoje, qualquer pessoa com uma câmera nas mãos — seja ela um dispositivo móvel ou um equipamento profissional — pode se aventurar na fotografia e, com prática e dedicação, alcançar resultados impressionantes.

É importante lembrar que, além da técnica, a sensibilidade artística e a compreensão do que se deseja comunicar são os elementos que realmente diferenciam uma boa fotografia de uma obra-prima. O olhar do fotógrafo, sua visão e interpretação do mundo, são o que tornam cada imagem única.

Concluímos esta jornada com a esperança de que as lições aqui apresentadas inspirem e capacitem você a explorar ainda mais esse universo visual. Que cada clique seja um passo em direção a uma maior compreensão da luz, da composição, e, acima de tudo, da essência do que você deseja transmitir.

Lembre-se de que a prática constante é a chave para aprimorar suas habilidades. Continue experimentando, explorando diferentes estilos e técnicas, e acima de tudo, divirta-se no processo. A fotografia é uma arte viva, que se reinventa a cada nova imagem capturada. E você, como fotógrafo, é o autor dessa transformação.

www.ingramcontent.com/pod-product-compliance
Lightning Source LLC
Chambersburg PA
CBHW052255220526
45471CB00001B/340